建モノがたり

朝日新聞メディアプロダクション 編著

はじめに

家は「人生でいちばん大きな買い物」といわれます。まとまったお金が必要なのはもちろん、知識やセンス、そのセンスを言語化してほかの人に伝える力、さらに交渉力や決断力。数十年かけて培ってきたあれやこれやを総動員する大一番です。

家を建てるとき、「居心地のいい自分だけの空間をつくりたい！」という欲求以上に、「誰かに見られる、披露する」ことを意識せざるを得ないのは「お宅拝見」的なテレビ番組が人気なことからも明らかでしょう。自らの歩みの結晶？　それとも総決算？　「いいね！」が欲しくなります。

そもそも家って、「ようこそ我が家へ」と友人知人を招くまでもなく、外観は四六時中、人様の視線にさらされます。個性は発揮したいけれど、街並みで目立ちすぎるのも……。しかも、ひょっとすると千年先の世までその場にあり続けるかもしれません。奈良の法隆寺みたいに。どんな家を建てたらよいのやら、迷いと悩みは深まるばかり。

長々と申し訳ないです。

建物を見て歩くのが好きです。では、なぜ心を惹かれるのか、と考えます。美的なファサードに圧倒される。職人技による微細な意匠に感動する。

造形の魅力に心が惹かれるのは確かですが、それとともに空間に満ちる施主や建築家、職人、利用者の望みやこだわり、時には妥協さえ伝わってくる、そんな人のにおい、建物の体温に魅了されている気がします。

体温を感じるのは、個人の家だけではなく、公共施設や会社のビルも同じです。今手に取っていただいている本が、歴史的名建築を紹介する本と趣が違うのは、そんな人のにおいがする建物を取り上げているからでしょう。技術的な切り口とともに、内包するドラマを綴っています。

朝日新聞の夕刊に毎週連載している「建モノがたり」は2020年3月に始まり、これまでに200以上の建築物を、紙面やWEBサイト「朝日マリオン・コム」※で紹介してきました。住宅や商業施設、学校に美術館、喫茶店からトイレまで、ユニークな建築物を取材するために記者が足を運んだ地域は43都道府県に及びます。今回、それらの中から選りすぐりを一冊にまとめました。

また、取材の裏話を朝日新聞ポッドキャスト版「建モノがたり」※で配信しています。こちらもあわせてお楽しみください。

朝日新聞メディアプロダクション
企画編集部長　桝井政則

※ 朝日マリオン・コム（https://www.asahi-mullion.com/）
※ 朝日新聞ポッドキャスト（https://www.asahi.com/special/podcasts/?pgid=tatemono）

CONTENTS

※日付は朝日新聞夕刊掲載日

窓が小さいデザインのため、高い断熱性能が得られた

コマツ本社ビル 東京

大理石・屋上のブル
時代を象徴

角地に立つコマツ本社ビル。屋上のブルドーザーは1991年に撤去された

屋上のオブジェが「溜池のブルドーザー」と親しまれたビル。役目を終え、2024年1月から建て替え工事が始まっている。

横に長い六角形の窓が白壁に規則正しく並ぶ。重機大手コマツの本社ビルは、1966年の完成当時、一帯でまれな高層建築だった。

建築物の高さを約30メートル以下とする戦前からの「百尺規制」がまだあった。制限いっぱいに建てても8〜9階が標準のところ、10階建てにするためにはりを薄くした。さらに内部を自在に区切れるよう耐震壁を置かず、外壁のみで支える構造。このため外壁は分厚く、壁の中に補強の鉄骨を斜めに渡したため窓は六角形、出入り口は五角形となった。

「とにかく天井が低くて、ちょっと背の高い方なら手が届きます」と

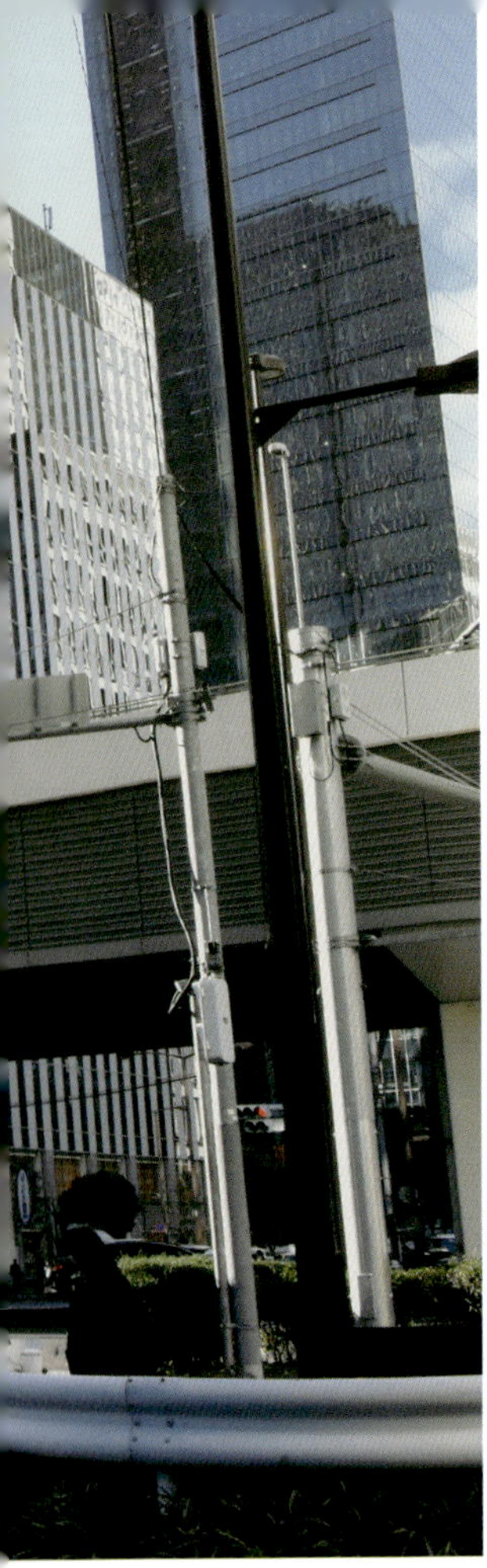

［上］大理石の素材感と厚みが重厚な印象の外壁
［下］グリーンオニキスが内装に使われた1階エレベーターホール

総務部担当部長の堀恵子さん。ほかにもバスが入れない地下駐車場、温度調節に難がある冷暖房など不便さは感じる。一方で、社員の誇りは外壁に使われたギリシャ産大理石と、内装を彩るグリーンオニキス。「どっしり感、重量感が魅力ですね」

「会社が成長すると信じ、未来への希望を込めて建てた高度成長期らしい建物」と、近現代の建築に詳しい倉方俊輔・大阪公立大教授は話す。当時盛んだったのは、機能を重視し、装飾を極力排するモダニズム建築。これと一線を画す大理石張りの壁は「劣化しにくい石材が『不動のもの』を造るのにふさわしいと考えたのでは」と推測する。

屋上には主力製品だったブルドーザーの約4倍大の模型が設置された。建設当時の社長の肝いりで庭園も整備し、様々な草木を植えた。中でも「桜庭園」は名所として知られ、一般にも開放された。

完成当時まだ首都高はなく、都電の溜池停留所がすぐ前にあった

本社ビルでの最後の日だった昨年の仕事納め、堀さんらは社員向け〝秘境ツアー〟を企画した。会長室、社長室、銀行がテナントだった頃の大金庫、電話交換室……。新ビルでの業務開始は3年後（2024年2月取材時点）の予定。旧ビルの大理石やオニキスは再利用されるという。

（写真・文　深山亜耶）

DATA
設計：中山克己建築設計事務所、増沢建築設計事務所
階数：地上10階、地下4階
用途：オフィス、店舗
完成：1966年

ドアの引き手も窓と同じ六角形。既製品がなかったため細部も独自にデザインされた

地下の工事には敷地内で旧建物を移動させる「曳家（ひきや）」工法が用いられた

千葉市美術館 さや堂ホール 千葉

旧銀行支店 すっぽり包み込む

建物の中に建物。

ガラス張りの外観と堅牢な石造りが共存する

不思議な空間はなぜできた？

ガラス張りの入り口を入ると、見上げるような円柱が並ぶ重厚でクラシックな建物に迎えられる。スイングドアの向こうは吹き抜けの大広間。モザイクタイルが床を彩り、大理石の土台が8本の柱を支える。白しっくいの天井や、回廊の手すりなど細部にも優美な意匠が見える。

[上] 改修工事の際、中央にせり上がるステージが新設されたさや堂ホール [左] ガラス張りの壁の内部に旧建築が収まるエントランス

千葉市美術館にすっぽり収まり「さや堂ホール」と呼ばれるネオ・ルネサンス建築は、1927年に旧川崎銀行千葉支店として建てられた。西洋建築を本場で学んだ矢部又吉設計とみられる鉄筋コンクリート造り。45年の空襲で市中心部がほぼ焼失する中で大きな損傷を免れた。71年に市が取得、市民センターとして使用した。

存続が危ぶまれたのは、政令指定市移行を控えた89年。新設する区役所と美術館の複合施設の敷地に決まったのだ。

建物の取り壊しや一部のみの保存を危惧した市民が署名を集めて全面保存を市に陳情、日本建築学会なども要望書を提出した。当時の新聞報道によれば、市は当初「それほどの価値がない」と消極的だった姿勢を転換し、保存の可能性を探ることになった。

基本設計を委託された大谷幸夫（1924~2013）は「この建物の一部だけを切り取ったりすることは、どうしてもやりたくなかった」と建築雑誌に書き残す。新しいビルの低層部分に旧建物全体を抱え込む「鞘堂《さやどう》方式」を提案。旧建物を修復して残しながら、区役所と美術館が整備された。

大谷が「古い建物の保存のされ方に対する、私のささやかな異議の申し立て」とも書いた「さや堂ホール」は今、美術館の顔であり、コンサートやイベントにも使われる。広報の磯野愛さんは「近世から現代まで長い時間軸の作品を収蔵する当館にこの建物があるのは意味深いこと」と話した。

（写真・文　笹本なつる）

DATA
設計：大谷幸夫
階数：地上12階、地下3階
用途：美術館
完成：1994年

外壁は自然石調の塗装をし、手作業で筋目をつけた仕上げ

東京都豊島合同庁舎 東京

光を取り入れ 街に溶け込む

4～6階のせり出し部分。「塔」の上部の雨よけも同じ弓なりの形をしている

まるで音楽室の壁。
2本の「塔」の左右には、
穴の開いた外壁が広がる。
街の一角に現れた
点々の理由は？

建物が立つのは、商業施設や東京芸術劇場が並ぶ一角、池袋西口公園の隣だ。1996年、豊島都税事務所などが入る庁舎として建設された。

設計者の故・大江匡さんは、目の前の広場にイタリア・シエナの町並みを重ねた。2本の柱を配したようなユニークな外観は、シエナのカンポ広場に臨み空へと伸びる塔をイメージ。

大江さんの下で基本設計から携わった角野文和さん(54)は「公共の建物なので、都市を特徴づけるモニュメントとしての役割も考えました」と話す。

設計に当たって懸念したのは、夜もにぎわう商業地にある庁舎が、終業後に真っ暗になってしまうことだった。

暗闇を目立たせないようにガラスの壁面を外壁で覆い、夜間用のアッパーライトを整備した。現在は節電のため点灯していないが、照明がつくと違和感なく街に溶け込む。

外壁に無数に開けた直径30センチの丸い穴は、建物内のオフィス環境への配慮だ。ガラス面から約1・5メートル離した外壁の裏側にはアルミパネルを張り、隙間や穴から差し込む自然光を反射させて室内に取り込む。

壁は外からの目隠しをしつつ、穴によって光を共有し、街と庁舎をゆるやかにつないでいるのだ。

「事務仕事は直接光が当たるとやりづらい。ブラインドのように適度に遮られ、圧迫感もなくていいですね」と、豊島都税事務所副所長の中川健一さん(59)は話した。

（写真・文　小森風美）

DATA
設計：大江匡、
プランテック
総合計画事務所
階数：地上7階、
地下6階、塔屋2階
用途：都税事務所、保育園
完成：1996年7月

阿倍野歩道橋 大阪

ここから始まる 自由空間

夜の上空から見た「a」のかたち。屋根のテント膜がライトを透過し、三角形の複雑な模様を浮かび上がらせる

上下する屋根を、鋼材を三角形に組んだトラス構造で支えている

上空から見下ろすと現れるアルファベットの文字。繁華街の真ん中に仕組まれた、何かの暗号？

「aからまちがはじまる」がデザインテーマだ。「はじまりの文字で、阿倍野の頭文字でもある『a』。この場所が人々の活動の起点となるよう、デザインに願いを込めました」。設計を担当した昭和設計の久保岳さん(46)は話す。

大阪の「南の玄関口」。交通量の多い駅前交差点の頭上で、真っ白な歩道橋がJR天王寺駅ビルや高さ300メートルのあべのハルカスを結んでいる。2009年に動き出した大規模な再開発事業の一環で、老朽化していた旧歩道橋が架け替えられたものだ。

近くのビルの上階から見下ろしてみてほしい。歩道橋は確かに「a」の字を描いている。

デザインだけを優先した形ではない。交差点を囲む4つの建物を効率的につなぐ利便性も備える。歩くこと自体を楽しめるよう、変化に富ませた歩行空間も特徴だ。リズミカルに上下する屋根に、場所によって幅が異なる通路。三角形の構造で屋根を支える鋼材の太さもランダムに異なり、見る場所や方向で印象の異なる景色が目に入る。

「『通る』という基本機能を尊重した上での話ですが、歩道橋で緑を育てたり将棋を指したりする人が現れてもいいと思うんです。自由な公共空間であってほしい」と久保さん。

ビルの谷間で街をつなぐ「はじまり」の場所。人々はそれぞれのペースで次の場所へと向かうだろう。

(写真・文　安達麻里子)

DATA
設計:中央復建コンサルタンツ、昭和設計
用途:歩道橋
完成:2013年7月

MIKIMOTO Ginza2

東京

窓だらけ 実は力強い建築

窓の数は160超。夜は幻想的な雰囲気に

ピンク色の壁全体に散りばめられた、不思議な形の窓。
9階建てのビルなのに、
ひょっとして柱がない？

ハイブランドの店舗や飲食店が立ち並ぶ銀座。2丁目のマロニエ通りに、チーズの穴のような窓が無数に並んだ建物がある。総合宝飾店「ミキモト」の店舗ビルだ。近づいてみると、窓の形や配置は不規則で、複数階にまたがる窓も。内部には柱が1本も見当たらない。いったいどんな構造なんだろう。

「銀座の建築は洗練されているが、僕は力強い建築を造りたかった」と振り返るのは、設計者の建築家・伊東豊雄さん。商業ビルは一般的に、柱や床などに、外壁のパネルやガラスを取り付けたような造りだ。しかし伊東さんはそれらを一体化することで力強さを表そうと考えた。採用したのは「鋼板コンクリート構造」。厚さ6〜12ミリの鋼板2枚の隙間20センチにコンクリートを注入した構造体が、壁と柱の役割を担う。「夜中に鋼板を運び、つり上げて溶接し、コンクリートを流し込む。大変な作業でしたね」

窓にも意味がある。横風など横から受ける力が壁をつたって斜め下に流れるように計算し、形や配置を決めた。

ミキモトは1893年、世界で初めて真珠養殖に成功。国内外に100店舗以上を持ち、高級ブランドで知られるが、「この店舗は若い人も入りやすい」と同社の広報担当者。ビルの外壁に施した薄ピンク色のパール塗装は、身につける人の美しさを引き出す真珠の輝きを表している。

（写真　外山俊樹／文　笹木菜々子）

内部のらせん階段。真珠の首飾りがモチーフの照明は橋本夕紀夫さんがデザイン

DATA
設計：伊東豊雄建築設計事務所
　　＋大成建設一級建築士事務所
階数：地上9階、地下1階
用途：商業ビル
完成：2005年11月

［上］入り口前から見上げるとこんな素敵な景色が［左］完成時、学園創立者の谷まさるさんは見事な曲線を声もなく見上げていたという

モード学園スパイラルタワーズ　愛知

上昇のエネルギー 3つの翼で

新幹線が名古屋駅に近づくと目に入る超高層ビル。
ロングドレスをまとったような印象的な形は、
いったいどういう構造？

ファッションと美容、IT、医療の3分野の専門学校・専門職大学が入る、「モード学園スパイラルタワーズ」。学園の創立者、谷まさるさんが希望したのは「3分野の学生のエネルギーを表す形」であり、「四角形ではないビル」だった。

設計を担当した日建設計の若林亮さん(62)らが示した複数のコンペ案から、類を見ない斬新ならせん形が採用された。「実現可能性よりも自由な発想を優先したものだった」と若林さんは振り返る。

高さ170メートルのビルの中心を貫くのは、インナートラスチューブと呼ぶ筒状の構造体。25×16メートルの楕円《だえん》の筒の中にエレベーターが配置される。外側に巻き付く3枚のウィングとの間が教室だ。その配置は階ごとに3度ずつずれており、外壁面のひねりを生み出している。

インナートラスチューブはコンクリートを流し込んだ鉄鋼管を三角形に組み合わせて強度を確保。ウィングには地震エネルギーを効率よく吸収する制振カラムを26カ所に取り付けた。頂上には建物重量の1%の「重し」を設置、揺れを抑える仕組みだ。

曲線、曲面、三角形を基本とする上、教室やフロアごとにその様相も変化し、内部を歩くと思わぬところで太い柱や斜めの構造物に出くわす。邪魔にならないかと思うが、建設時もかかわった学園管理部の柴田英貴さん(51)は「デザインの一部なので気にならない」と事もなげだ。

2023年1月に86歳で死去した谷さんは名古屋出身で、1966年に名古屋モード学園を開校した。「誰もやらないことをやれ」が口癖だった。学生に「動いて初めて、ものは美しい」と指導していたといい、「上昇するイメージのらせん形を選んだ理由だと思う」と柴田さんは話した。

(写真・文 片野美羽)

廊下や教室のあちこちに、制振カラムや骨組みが見える

DATA
設計:日建設計
階数:地上36階、地下3階、塔屋2階
用途:学校、店舗
完成:2008年

丸亀町壱番街前ドーム

香川

そっくりさん　一日にして成らず

江戸時代から商業地として発達した丸亀町商店街

夕闇に浮かぶドームは欧州の町のような雰囲気

ヨーロッパの街角みたい？ そうです、AI（人工知能）も認める、アレのそっくりさん。なぜここに造られた？

直径25メートル、高さ32メートル、透明な傘を広げたような「丸亀町壱番街前ドーム」。世界の観光地に似た四国のスポットを見つけるコンテストで2022年、堂々のグランプリに輝いた。イタリア・ミラノにあるアーケード「ヴィットリオ・エマヌエーレ2世のガレリア」との類似度は、AIの判定で88・4点だった。

ドームが立つのは高松市中心部、南北に470メートル続く商店街の北端。近くには百貨店、ドーム1階には高級ブランド店があり、ドーム下の広場では年間250ものイベントが開かれる。

「僕ら商店街の企画ではなく、市民のみなさんの持ち込みです。市民が自由に使える舞台作りがコンセプトでした」と、高松丸亀町商店街振興組合理事長の古川康造さん（66）は話す。

発端は1980年代後半にさかのぼる。瀬戸大橋開通や郊外大型店出店に商店街は危機感を持った。全国で視察や調査を行い、「民間主導で」「居住者を呼び戻す」再開発に取り組むことになった。

その象徴として交差点に広場を計画したが、アーケードの中といえども公道上には多くの規制がある。そこで周囲の建物をセットバック、民有地を提供するとともに、関係機関と交渉の末、商店街が管理する広場を実現した。

「ハレの空間である広場にはひと目でそれとわかるものをと考えた」と振り返るのは、ドーム設計に携わった坂倉建築研究所元所長の太田隆信さん（89）。鉄骨構造の外側を覆うのは透明度と耐久性の高い特殊ガラス。地震が多い日本に合わせて鉄骨の骨組みの強度を高める工夫をした。

計画から30年以上、現在も再開発は進行中だ。新築商業ビル上階のマンションは高齢者向けを想定していたが、近年は若い世代も関心を寄せる。「中心部への回帰は明らか」と古川さんは手応えを感じている。

（写真・文　佐藤直子）

DATA
設計：坂倉建築研究所
階数：地上3階
用途：広場
完成：2007年

公園の緑が最上階まで連続して見えるよう「混植大刈込手法」が採用されている

アクロス福岡 福岡

県庁舎跡 繁華街の里山に

街中に山？ それとも古墳？ でも反対側から見るとビル。
いったいどうしてこうなっているの？

全国有数の繁華街・天神にある「アクロス福岡」は、ホールやギャラリー、会議場などが入る官民複合施設だ。春先に訪れ、南の天神中央公園側から屋外の階段を上ると、草や木の濃い香りがし、鳥のさえずりが聞こえた。

移転した県庁舎の跡地利用の事業コンペには6つの企業グループが応募した。採用されたのは、「ステップガーデン」が目玉の案。設計は日本設計、竹中工務店を中心に米著名デザイナー、エミリオ・アンバース氏も参加した。

元日本設計プリンシパルデザイナーの浅石優さん(73)は、「公園と建物を緑でつなげようと話しあった。アンバース氏が建物を階段状にしては、と紙を折って示した」と振り返る。自然と共生する建築を得意とするアンバース氏のアイデアをもとに、四季の変化に富んだ里山の自然の仕組みを手本にした。

植栽部分には、真珠岩を焼成《しょうせい》発泡させた人工土壌を厚さ50センチ敷いた。軽くて保水力にすぐれ、年によっては雨が少ない福岡でも雨水だけで植物が育つ。根が毛細状になり、伸びすぎないのでコンクリートを傷めにくいのも特徴だ。植えられた樹木は76種。植生はある程度自然にまかせて成長させる計画のため、最初は建物の外壁が目立ったが、数年で緑の大斜面が姿を現した。

四半世紀後の今、鳥が種を運び自生したものも含め、植物は約200種以上に増えた。剪定した枝や葉はその場にとどめ、腐葉土に。豊富な緑は夜間に冷気流を発生させ、ヒートアイランドの緩和に一役買っている。

（写真・文　栗原琴江）

DATA
設計：日本設計、竹中工務店
階数：地上14階、地下4階、塔屋1階
用途：オフィス、イベントホールなど
完成：1995年

側面から見た「ステップガーデン」。各階がピラミッド状に積み重なる様子がわかる

ヒアシンスハウス

埼玉

早世の詩人の夢 65年後に実現

さいたま市中心部の公園の中、沼のほとりに立つ小さな家には、遠方からも訪れる人がいるという。

「僕は、窓がひとつ欲しい。……そしてその窓は大きな湖水に向いてひらいてゐる」

こんな言葉を詩に書いた立原道造(1914~39年)は詩人であり、東京帝国大学建築学科の卒業制作が賞を受けた建築家の卵でもあった。23歳の時、週末を過ごす小さな別荘「風信子荘(ヒアシンスハウス)」を自分のためにに設計した。

20平方メートル足らずの家について50通りもの案を考えた末、外観や

「ヒアシンス」の名は花ではなく、ギリシャ神話に登場する美少年に由来するという

［右上］奥の小窓から沼を望む想定だったが敷地の都合で沼は反対側に
［左上］左のポールに掲げた逆三角形の旗と、背後のポプラの木は立原のスケッチにも描かれている

間取り、内装を描いたスケッチ数枚が残された。友人らに宛てた手紙に折り込まれるなどしたもので、寸法、屋根や壁の仕上げ方がきちょうめんな字で書き込まれたものもある。別荘の住所を記した名刺まで刷っていたが、翌年、肺結核のため世を去った。

その夢を65年後、地元の建築家や文芸家らが中心になって実現した。市と交渉して立原が望んだ沼のほとり、別所沼公園の一角に建設地を確保、寄付金を集めて完成したのが「ヒアシンスハウス」だ。

室内は東西に長いワンルームで、

東南の角が窓、北側にも横長の窓が開ける。北の窓に面した机、西側のベッド、東側のベンチや食卓、椅子もスケッチ通りに製作、配置されている。建設に携わった建築家の1人、山中知彦さん（71）はプライベート空間とコミュニケーションの場が自然に区切られている様子に「間取りのうまさ」を感じると話す。

キッチンがないのは、茶室のように最小限の空間を目指したとも、近所の知人の家でごちそうになるつも

[上]窓の上の棚も立原のスケッチに描かれていた [下]南東の窓から並木越しに別所沼を望む

[上]西側の窓は観音開き
[下]水面が光を反射し、印象派絵画のような別所沼

りだったからともいわれる。立原が兄のように慕った詩人・神保光太郎をはじめ、周辺には関東大震災後多くの文化人が暮らした。

立原の建築家としての才能が見てとれると話すのは、山中さんらとともに建設に関わり、今も月1回ガイドを務める三浦清史さん(78)だ。「ものの寸法、スケールに対する感性は、持って生まれたものがあったかなと思います」

実現した家を立原が見たら何と言うだろうか? 山中さんは「よくやった、と言うんでは」と笑った。

(写真・文 島貫柚子)

DATA
原案:立原道造
設計:ヒアシンスハウスをつくる会
階数:地上1階
用途:展示、催し
完成:2004年

森につながる出入り口がある南側

競走馬の産地として知られる北海道日高地方の浦河町。地元で50年近く続く幼稚園が移転した「浦河フレンド森のようちえん」の新園舎は、平屋で延べ床面積約千平方メートル、バスケットコート2面分以上の広さがある。全体にフローリングが施され、中央の遊戯ホールを、交差する斜めの木組みが取り巻く。

「理事長からの要望は、木造であることと、内部に壁がないことの2点だった」と設計した照井康穂さん(56)は話す。運営するフレンド恵学園の伊原鎮理事長(53)は、移転・建て替えを機に自然体験活動を中心に据えた幼児教育のメソッドの採用を計画、森を背にした丘を移転先に選んだのもそのためだった。

壁を使わず耐震性を保つため、照井さんが採用したのが、長さ3・3メートルのカラマツ材を組み合わせた正四角錐のユニットを柱として建物を支える「立体トラス構造」。四角錐を3層積むことで、一部は2階建

浦河《うらかわ》フレンド森のようちえん　北海道

柱も段差も遊具に 創造の場

窓や換気口も含め、三角形構造が特徴的な園舎

森の中に現れた宇宙船？たくさんの三角窓のある建物の構造は、子どもたちを育む「仕掛け」にもなっている。

てより天井が高い大空間を実現した。

給食を食べたり、お絵かきしたりする保育室は、遊戯ホールと木組みの柱で緩やかに区切られ、床が約70センチ高い。「子どもたちがその時の気持ちに合った居場所を選べる作り」を工夫したと照井さん。天井の3段階の高さや、それぞれ光の入り方が違う三角形の窓も、大きなフロアに様々な表情を加える。

「柱をよじ登ったり、柱の付け根に寝そべったり、いろいろな遊び方を子どもたちが自ら生み出す姿が見られます」と伊原さんは話す。保育室と遊戯ホールの段差も、子どもたちにとっては滑り台だ。

伊原さんは設計案を初めて見た時、斜めの柱に「大人が頭をぶつけるのでは」「合理的でないのでは」などと不安を感じたと明かす。しかし、できあがった園舎内には、森と同じようにいろいろな空間ができていた。「子どもたちが自由な使い方を創造する園の理念を体現している」と気づかされたという。

移転と同時に改めた「森のようちえん」の名の通り、森につながる出入り口もある。子どもたちは、「今日は森に出かけるチーム」など、その日の遊びのパターンを選んで過ごしている。

（写真・文　本多昭彦）

［上］保育室も境がないワンフロア［中］滑り台遊びもできる遊戯室と保育室の段差［下］斜めの柱の付け根も遊び場に

DATA
設計：照井康穂建築設計事務所
階数：地上1階
用途：幼保連携型認定こども園
完成：2022年

老人デイサービスセンター 52間の縁側

千葉

建物の長さは52間(約95メートル)の計画だった、隣の古民家に一部機能を移すなどで変更した

気軽に出入り 助け合いの場

千葉県北西部の八千代市郊外。橋のような木造の長い長い建物は、高齢者施設だという。

長さ約80メートル、幅約5メートル。木材の骨組みがむき出しの細長い空間が延々と続く。

中央にデイサービス利用者が主に過ごすリビングとキッチンと図書室、南側に浴室と座敷。土地が低い分高床の北側にはカフェを開く予定のスペース。3つのユニットは分散して配置され、外壁がないテラスでつながっている。

「52間の縁側」を運営する「オールフォアワン」は千葉県内で高齢者のデイサービス事業に取り組んで20年近い。妻と2人、民家を借りて立ち

ガラス張りのリビングで思い思いに過ごす利用者

[左]土地が低くなった北側の庭には地域の人も参加して池を造った [右]中央のリビングを西側から

上げた代表の石井英寿さん(48)は、大家族のように様々な人が介護の場に出入りする「ごちゃまぜケア」を実践してきた。「介護の枠組みを超えて、人として大切なことを追求しよう」と新施設を計画した。

知り合いの不動産業者から提案されたのが、大規模団地を見下ろす崖の縁の細長い土地。設計者として建築家の山﨑健太郎さん(47)も紹介された。

以前手がけた作品から「この仕事に合うと思われたらしい」と山﨑さん。建物について石井さんから具体的な要望はなかったが、「求めているのは『懐かしい日常の風景』と理解した」。土地の条件に合わせ、制度はなくても助け合いでカバーした「昔」を表現したのが、長く大きな「縁側」だ。

利用者や職員だけでなく、その家族や地域の人たちも開かれた縁側から気軽に入っては出ていく。介護者が高齢者に正対するのではなく「隣にいて同じ方向を見たい」という石井さんの考え方にも合うものだった。

造成中に文化財が発掘されたり木材高騰に見舞われたりして完成までに6年かかった。「困っている人やそれを何とかしようとする人が集まってきた不思議なプロジェクト。長くかかわれてよかった」と山﨑さんは振り返る。2023年10月、「縁側」はグッドデザイン大賞に決まった。

(写真・文　深山亜耶)

車路からの入り口は北東側

DATA
設計:山﨑健太郎デザインワークショップ
階数:地下1階、地上1階
用途:デイサービス
完成:2022年

駐車場から生け垣をくぐると草屋根が姿を現す。後ろは八幡山

ラ コリーナ近江八幡 滋賀

力合わせ作った まるごと「丘」

芝生で覆われた屋根に、木が生えている!? 緑たっぷりの人気スポットは、奇抜で、どこか懐かしい。

「早く早くー!」。子どもが駆け出した。琵琶湖岸の八幡山(272メートル)のふもとに広がる、菓子製造販売の老舗たねやグループの拠点。ラ コリーナは伊語で丘の意味だ。約12万平方メートルの敷地に点在する建物や豊かな自然、スイーツをめあてに多くの人が訪れる。

メインの店舗「草屋根」は、名前の通り芝で覆われた屋根に松の木が生える。自宅の「タンポポハウス」など植物を採り入れた建築を長年実践する藤森照信さん(73)が設計した。まるごと丘のようだが、奥行きがある軒下や、屋根に並ぶ窓など生活感が漂う「自然と人工物との接点」も作った。

藤森さんは草屋根で2019年度の日本芸術院賞に選ばれた。が、自身が「集大成」という構想を実現したのは1つの建物にとどまらない。草屋根や本社屋の「銅屋根」、店舗「栗百本」などが取り囲むのは、水田。地域総出の農作業、傍らで遊ぶ子どもたち……藤森さんの理想の風景が土台にある。

建材にする栗の木は、たねやの社員とともに長野の山中へ「狩り」に出かけた。土壁塗り、草屋根のしっくい天井に装飾の炭片を埋め込む作業、銅屋根を葺《ふ》く銅板を3~4センチ幅の波形に折る作業も社員や、時には学生をまじえた数十人とともに手作業で行った。藤森さんは共同作業の狙いを一言、「楽しいからだよ」。常務の山本寛之さん(37)は、「不ぞろいが魅力と藤森さんは自由にやらせてくれた。土壁の補修や草屋根の管理も自分たちでやっています」

(写真・文 山田愛)

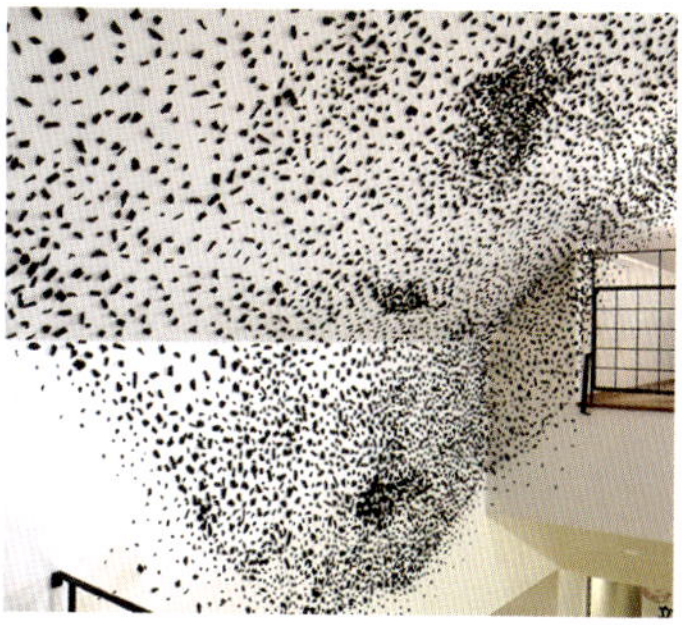
草屋根の天井。不ぞろいな炭片の大きさや密度がグラデーションを生む

DATA
設計:藤森照信+アキムラ フライング·シー、中谷弘志
用途:店舗、本社屋
完成:2015年1月(メインショップ)

上勝《かみかつ》町ゼロ・ウェイストセンター

徳島

ごみステーションは問いかける

「ごみゼロ宣言」で知られる山あいの町。
ハテナマークの建物に、こっちが聞きたい。
どうしてこうなった？

約20年前からごみ減量に取り組む上勝町。悩みは過疎化、高齢化だ。徳島市で会社を経営する田中達也さん（53）は10年ほど前、前町長から地域おこしの相談を受けた。

案内されて回った町内で一番感銘を受けたのが、町民がごみを持ち込み34種類（現在は45種類）に分別するステーションだった。古いプレハブ小屋だったが取り組みは最先端。町おこしの中心にできないか。

同じ頃、町内にビール工房を開いた。その設計を依頼した建築家・中村拓志さん（48）にごみステーションについて話したところ、町民が集まる場や町外の見学者を迎える場も備えた施設の構想へと発展、町に提案した。

ごみの分別、保管、再生場所、ホール、4室のホテルなどがある「上勝町ゼロ・ウェイストセンター」。設計した中村さんは建築の面からもごみ最小化を目指した。

柱や梁には町内の杉材を使った。廃棄分を減らすため加工は最小限に。将来の改修も考えて木と金属を分別しやすい構造にしてある。

家屋取り壊し現場に駆けつけて廃材を確保。窓枠や戸は広報誌で町民に呼びかけ、約700枚集まった。それぞれの状態やサイズを一覧にし、パッチワークのようにあてはめていった。「普通ならメーカーと品番を指定すればいいところ。大変でしたが、パズルみたいで楽しみました」と中村さんは振り返る。ハテナマークは、動線や駐車場の位置、地形や地盤を考慮した結果だ。

「せっかくこういう形になったので、上勝から世界に問いかけたい」と田中さんは話した。

（写真・文　鈴木麻純）

再利用した様々な窓枠がパッチワークのよう。「この窓はうちで出した」など懐かしむ声が聞かれるという

©Transit General Office Inc. SATOSHI MATSUO

湾曲部分がごみステーション。ホテル(円の部分)の宿泊客もチェックアウト時には自分でごみを分別する

DATA
設計:中村拓志&NAP建築設計事務所
階数:宿泊施設　地上2階/ほか　地上1階
用途:ごみ集積所、集会所、宿泊施設など
完成:2020年

ROKI グローバルイノベーションセンター

静岡

風と陽光 立地の強みを最大化

大きく蛇行する天竜川を見下ろす場所に、
巨大な温室を思わせる曲面の屋根。
ここではいったい何を……？

自動車産業向けを中心に濾過《ろか》機器やフィルター製品を製造するROKIの研究開発施設「グローバルイノベーションセンター」は、傾斜地に沿って立つ。4階の入り口から中に入ると、天幕のような天井越しに自然光がふり注ぐ。各フロアが浮遊するように層を成し、巨大で立体的なワンルームのようだ。

設計した小堀哲夫さん（51）の構想は「土地がもつポテンシャルを最大化したい」という思いから始まった。

浜松市街まで広がる扇状地の谷口にあたる敷地一帯は、常に上昇気流が生じている。宅地造成計画が数十年前に中止されたひな壇状の土地で、全国でも日照時間が長い浜松の陽光をさえぎるものはない。

1階は池に面して板敷きのテラス席があり、全面ガラスの引き戸越し

DATA
設計:小堀哲夫建築設計事務所
階数:地上4階
用途:研究開発施設
完成:2013年

[右]天井には自社製品のフィルター素材を採用。ガラス素材の屋根からの直射光を和らげながら、光の変化を感じられる [左]池に面したテラスはエンジニアに人気の場所。アルミルーバー付きの屋根が差し込む光を調節する

に自然と戸外とつながる。引き戸を開けると4階天井の天窓が自動的に開いて空調が停止、下から上へ空気が流れる仕組み。

1年の半分近くを空調なしで過ごせるのは恵まれた気候に加え、「人は半戸外の空間にいると室温変化への許容度が高い」ためという。

人工的な制御を少なくすれば当然、室温や明るさにムラができるが、小堀さんは「あえて不均一な空間を作った」と話す。環境変化の大きい上層階は共用スペースなどとし、中間階に執務スペース、外部の影響を受けにくいエリアには実験室を配置した。エンジニアらは仕事の種類やその時の気分で、自由に居場所を選ぶこともできる。

天井の木格子をはじめ、内装には木がふんだんに使われている。「アイデアは、ふとした瞬間に自然を感じられるような場所で生まれるんじゃないかな」

(写真・文 深山亜耶)

島根県立美術館　島根

ガラス張りの壁面。沈む夕日が広がってゆく

湖畔に広がる夕景の一幅

宍道湖のほとりの島根県立美術館。3～9月の閉館時間は「日没から30分後」としている。なぜだろう？

湖畔の美術館だけに、モネやクールベの海景画など水を画題にした作品の収集に重きを置いている。波をとらえた作品で名高い葛飾北斎のコレクションでも知られる。宍道湖のほとりという立地をいかそう、という運営だ。

アート作品もむろんいいが、ひときわ目立つ「作品」は、日が高いうちは見られない。

この館の夕景は「日本の夕陽百選」に選ばれている。その時間帯に、ゆっくりと鑑賞できるよう、3月から9月は日没の30分後まで開館している。日の入りに向かうにつれ、人影が目立ってくる。

なぎさが調和の中に豊かな表情をつくる。設計にはそんなコンセプトが込められた。戦後を代表する建築家の1人、菊竹清訓《きくたけきよのり》（1928～2011）によるものだ。菊竹の弟子で建築士の山岡哲哉さん（57）は、こう明かす。

「設計の初期の段階から『夕日を

［左］2階の展望テラスからも宍道湖の夕日を見渡すことができる ［右］宍道湖をめぐる観光遊覧船には夕日を眺めるコースもある

表から見れば壁面に湖面の情景が映っていた

きれいに見せる』という意識が、菊竹にはありました」。菊竹は若い頃から島根県でいくつもの設計を手がけ、宍道湖が広がる地の風土に通じていた。

98年に完成した県立美術館は、エントランスロビーをガラス張りにした。対岸から望む景観にも目配りをし、背景の山並みを遮らぬよう、高さは約15メートルに抑えられている。メインエントランスは湖をわたる冬の強風を避ける位置に開かれた。

「夕日を見せる、というだけでなく、あらゆる角度から土地柄を考えた設計。菊竹は並々ならぬ意気込みで仕上げましたし、現場の僕らもかたちにするのに必死でした」。若手の設計担当者だった山岡さんは、96年から松江の現場事務所に入って仕事に打ち込んだという。

記者が訪れた日、天候に恵まれた。日が沈んでゆくのにつれ、空の色が刻々と深くなる。オレンジ、あかね、紫……。館内からの一望に心が静まる。表に出れば、人影の揺れる情景がガラス面に映り、チタン製の大屋根も暮れなずむあたりに溶け込んでゆく。光に包まれた視界が、一幅の絵に見えた。

（写真・文　木元健二）

周辺には野外彫刻が配置され、憩いの場にもなっている

DATA
設計：菊竹清訓建築設計事務所
階数：地上2階
用途：美術館
完成：1998年

夜はガラス窓から温かな光が透ける

道の駅ましこ　栃木

地産で再現「大きな民芸品」

「土から生えてきたような建築」ってなんだろう?
とことん考えた先に見つけた形とは。

八溝杉の集成材を使った架構が印象的

「近くに来るまでどこにあるかわからなかったでしょ?」。「道の駅ましこ」オープン前からかかわる栃木県益子《ましこ》町総合政策課の上田昌史さん(53)はこう言って出迎えてくれた。三角屋根は周囲の山の稜線《りょうせん》と似た勾配でリズムを刻み、建物は畑と里山の風景に溶け込んでいる。

設計した建築家の原田真宏さん

（51）、麻魚さん（47）は当時の町長から「土から生えてきたような、この土地らしい建築にしてほしい」と言われたという。

土から生える？　その意味をとことん考えてたどり着いたのは、土地の風景や産物を採り入れること。それは地域の人がもっと益子を好きになることにもつながるのではないか。

里山の傾斜を建築に再現したような架構《かこう》には、地元産の八溝杉《やみぞすぎ》の集成材を使った。架構を支える分厚い台座は、益子に点在するタバコの乾燥小屋に用いられた土壁で表面を仕上げている。かつての技術は失われつつあり材料の配合なども不明だったが、左官職人に協力を仰ぎ再現した。これが好評で、現在では地域の建築にもこの土壁が使われることが増えたという。

プレオープンの日、農家の人が畑を見ながら「益子ってこんなにきれいなところだったんだ」とつぶやくのを聞いて、成功を確信したと真宏さんは振り返る。かつて民芸運動に見いだされた素朴な益子焼も念頭に、土地のものから生み出され、土地のよさを再認識できる建築は「大きな民芸品だと思っている」

オープンに先立つ2年前には実証店舗が開かれた。その経験を踏まえ、食品加工や移住相談を行うなど地域の拠点としての事業を充実させている。コロナ禍では駐車場で農産物のドライブスルー販売を行うなど工夫を重ね、開業から7年で来場者500万人を達成した。上田さんは「まだ完成ではない。時代の流れに合わせ、絶えず進化していく」と目を輝かせた。

（写真・文　齊藤梨佳）

DATA
設計:マウントフジ
アーキテクツスタジオ
一級建築士事務所
階数:地上1階
用途:道の駅
完成:2016年

[左]「道の駅ましこ」の駅長、ヤギのやっくん [右]ガラス面が大きく開放感がある館内

夢みなとタワー

鳥取

構造で魅せる「低さ日本一」

木と鉄骨が幾何学的な形を描く

見る角度によって木製の格子がくっきりする

高いばかりが能じゃない。
山陰の港町には、低くても特色あるタワーが立っていた。

日本一高いタワーといえば東京スカイツリー（634メートル）。鳥取県西部、日本海に突き出た埋め立て地に立つ「夢みなとタワー」は日本一低いという。

ドーム形の低層棟から伸びるひょうたん形のタワーは高さ43メートル。2017年には「全日本タワー協議会」に当時加盟の20施設の中で最も低いとされた。展望室まで上ると「日本で一番低いタワー」に登頂した記念の認定証がもらえる。

ガラス張りのタワーの内部は、意外にも木の香りが漂う。ゆるくカーブするガラス面を見上げると、回りを囲むのは木製の格子。「鉄骨造ですが、主役は木です」と、設計した建築家の杉本洋文さん（71）は話す。

1997年に開かれた「山陰・夢みなと博覧会」のシンボルとして計画された。各地の博覧会でパビリオンを手がけていた縁で依頼を受けた杉本さんは、ゆかりのない山陰地方を知るため鳥取や隣の島根を訪ね歩

［上］「夜は光が入って行灯（あんどん）のように見えたらいい」と杉本さん

いた。スギなどの木材産地があること、三徳山三仏寺投入堂（三朝町）や仁風閣（鳥取市）など貴重な木造建築の存在を知り、木をアピールすることを考えたという。

出雲大社の社殿がかつて、高さ約48メートルに達するものだったという説も木造高層建築のイメージを刺

夕日に染まる

激した。出雲大社では2000年、巨大本殿説の信憑《しんぴょう》性を増す直径3メートルもの柱の跡が見つかっている。

木と鉄骨のハイブリッドタワーを「テンセグリティ構造」が支える。上下に貫く鉄柱と層状に繰り返すリングの梁《はり》。縦横斜めに架け渡されたワイヤーの張力が全体のバランスを保つ。「中からも外からも透明感のある美しい構造にしたかった」

展望室からは日本海を望む360度の大パノラマ。なんであれ日本一は素晴らしい。「登頂認定証」に書かれた文句にうなずいた。

（写真・文　島貫柚子）

DATA
設計：計画・環境建築
階数：低層棟　地上4階／
　　　タワー棟　地上3階
用途：ホール、展示室など
完成：1997年

手前右が「ふわふわコフン」

天理駅前広場コフフン　奈良

古墳から着想 憩いの場

天理駅前と商店街を結び、人々が行き交う広場に、白い巨大な水玉模様を描く。円盤や輪っかを積み重ねたような大小5つの建造物は、観光案内所や大型遊具、野外ステージ、大きなテーブルなどだ。

広場整備計画の公募で選ばれ、デザインを担当したのは、日用品や家具などを手がけるデザインオフィスnendo。佐藤オオキ代表(42)は天理市内に約1600基ある古墳に着想した。

中でも大きな「ふわふわコフン」は直径26メートル、高さ4・4メートル、皿の上のような上部にトランポリンと砂場があり、子どもたちに人気の施設。駅前のトランポリンも平凡ではないが、採用された工法もユニークだった。

普通なら現場で型枠にコンクリートを流し込むが、36等分に切り分けたケーキのようなパーツを工場で成形、運んでから組み立てた。形や質感の完成度を高めるためで、量産品のデ

「ふわふわコフン」に寄り添う「ステージコフン」は、段差が客席に。音楽イベントなどを開催してきた

ぐるぐると描いた円みたい。しかも巨大で真っ白。
駅前で目をひく、この建物群の正体は？

ザインを多く手がける佐藤さんならではの発想だ。同規模の「インフォ&ラウンジコフン」の屋根にも同じ型枠で作ったパーツを逆向きに使うなど、コストを抑える工夫もした。

「広場全体がカフェや遊具、大きな家具に感じるような空間を目指した」と佐藤さん。「使い方の決まった空間ではなく、市民と一緒に育つゆるやかな場に」と願う。

広場を管理する市の担当者は「子どもの遊び場、大人が気軽に過ごす場がないのが地域の課題だった。多世代が様々に利用する場になった」と手応えを語った。

（写真・文　木谷恵吏）

DATA
総合デザインディレクター：nendo
階数：地上1階
用途：広場、遊具、休憩施設
完成：2017年4月

日を浴びて輝くドレープ

ライズ 東京

金属ドレープが覆う「虚構」空間

渋谷の街中にある
金属の衣をまとった建築。
そこは、かつてミニシアターブームを
牽引《けんいん》した映画館だった。

渋谷駅から徒歩約5分のスペイン坂を上ると、風になびく巨大な金属の布のようなものが現れる。完成はバブル初期。渋谷は最先端のカルチャーとそれを求める人々が集積していた。

建物を所有する頼《らい》光裕さん（71）は、当時の渋谷の状況から映画館を作ることを決めた。建築家の北川原温さん（72）は、急速に更新され、実体がつかめない「虚構」のような街を、映画という想像上の世界と重ねて建物に投影した。

2階と地下の2スクリーン、店舗が入った複合ビルの屋根は、アルミの鋳物製のドレープ（ひだ）やステンレスのネットに覆われた。窓口やスクリーンの脇にはアルミ製の幕が飾られていた。

当時の価格で1億円以上というドレープの提案に、頼さんは悩んだ末に決心した。2階から4階をつなぐ階段には、大きな曲面の天井が現れる。北川原さんは「都市には曲線も

［右］屋根のドレープは、主に約3×4メートルのパーツ44個で構成される ［左］スペイン坂から見る

直線もある。都市の断片を集めた」

　当初、2階は大手興業会社の提携館だったが、1991年からすべて直営の「シネマライズ」となり、「トレインスポッティング」「ムトゥ 踊るマハラジャ」「アメリ」などヒットを連発。頼さんは「見たことのないものを提示したい」と走り続けた。

　時代が変わり、その役割を果たすことが難しいと感じ始めた2008年頃、ライブハウスの入居先を探していた名取達利さん(50)と出会う。シネマライズに通っていた名取さんは、「時空がゆがむような非日常感」があるライズはライブに没頭できる空間になると思い描いた。10年に地下はライブハウス「WWW」、16年に2階が「WWWX」となり、シネマライズは30年の歴史に幕を下ろした。

　完成から約40年。街並みの均質化が進み「当時よりも建物の不思議さが際立っている」と、北川原さん。「提案を受け入れてくれた頼さんはすごい。実現できたのは、幸運としか言いようがないですね」

（写真・文　深山亜耶）

額縁（右上）にゆがんだ鏡面仕上げのアルミをはめた。「虚構」を細部にわたり表現

DATA
設計：北川原温
階数：地下3階、地上4階
用途：ライブハウス（旧映画館）、店舗
完成：1986年

ナインアワーズ赤坂・スリープラボ

東京

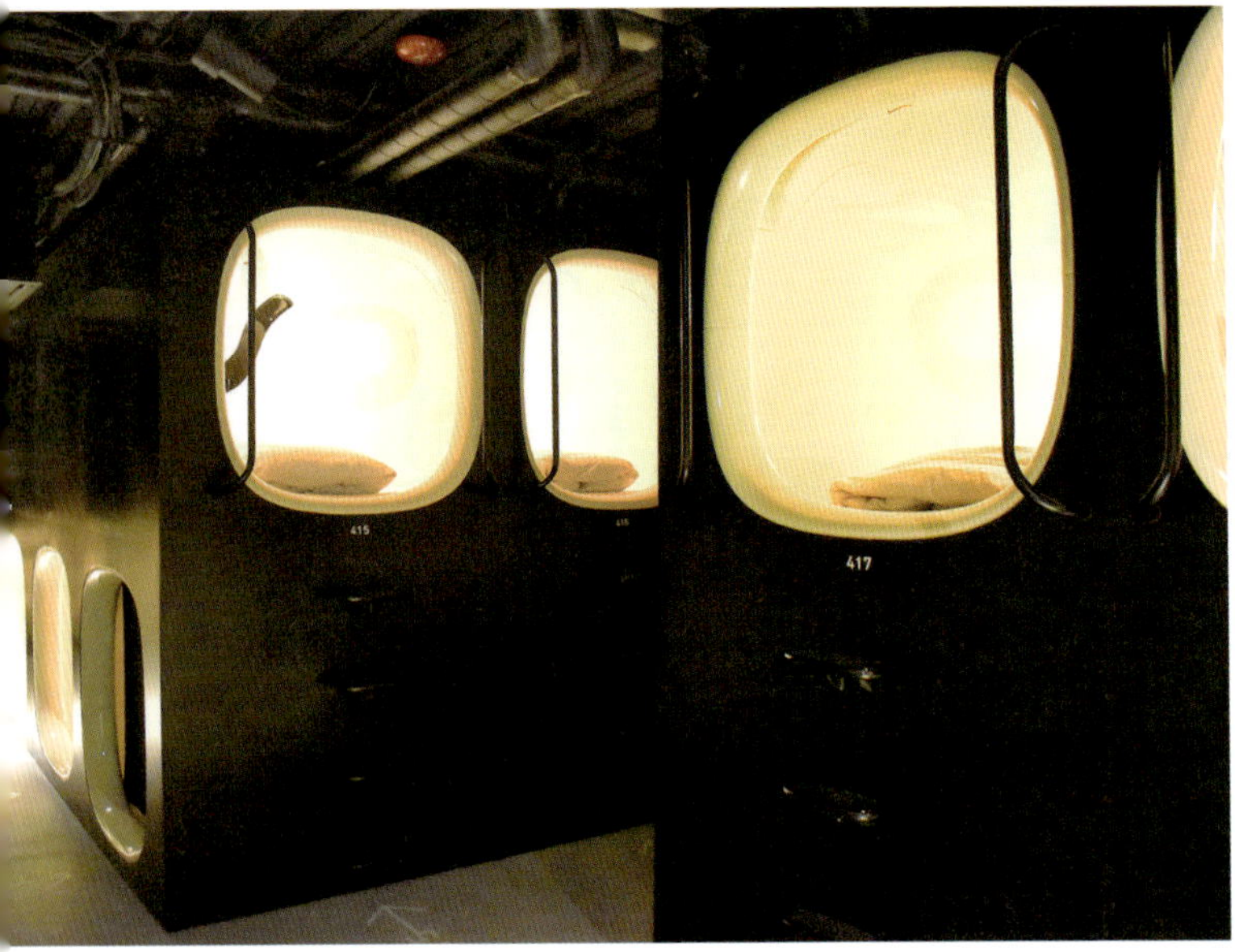

カプセル内の明かりが照らすフロア。ロールスクリーンが下ろされたカプセルは就寝中とわかる。この夜午前2時頃にはほぼ満室となった

街に投げ出された カプセル

都市部に近年増えているカプセルホテル。デザインにこだわり、客層も昔とは変わっているというが。

繁華街に近い細長い土地に立つカプセルホテル「ナインアワーズ赤坂・スリープラボ」。設計した平田晃久さん(52)が最初に考えたのは、カプセルが「街に投げ出された」イメージだった。「食べたりくつろいだりは都市のほかの場所に委ね、ただ寝るためだけに存在する。それをそのまま建築にできないかと」

カプセルは「大都市の小さなすき間にも入り込む、アメーバのように自由自在な存在」とも話す。そんな特徴をいかして、各ユニットの四隅に内蔵した細い鉄骨柱が建物を支える構造が実現した。

8月上旬の会社帰りに1泊してみた。フロアには、黒い巨大なサイコロのようなユニットが8~12個点在する。1ユニットは、細長い直方体のカプセルを2個×2段重ね、上段

［上］入り口から見たカプセル。高さ102×幅105×奥行き215センチ。「ナインアワーズ」の名は、シャワーに1時間、睡眠7時間、身支度1時間で計9時間というコンセプトから［下］日中の外観。「外に向けて開放しているのが赤坂らしい」と米本さん

を90度回転させた4個のカプセルで構成されている。

カプセル内はシングルベッドよりやや大きく、仰向けで手を上げても天井には届かない。枕元には照明、調光器、コンセント、USB端子。入り口のロールスクリーンを下ろすと外とは遮断され、繭《まゆ》の中にいるようだ。一方、カプセルの外に出れば大きなガラス窓から周囲が見渡せ、街をすぐ近くに感じる。

安さが魅力のカプセルホテルだが、運営会社の米本秀高さん(37)は「外国人の方にとっては観光の目的地のようになっています」。記者の隣のカプセルにいたドイツ人旅行者アンさん(31)は、「多くを持たない日本のミニマリズムが好き」と話す。ネットで動画を見て「ワクワクして」1人で泊まったという。確かにカプセルに入る時は、宇宙船のアトラクションにでも乗り込む気がする。

カプセルにはセンサーやマイクが装備され、希望すれば寝返りや呼吸、いびきなどの測定結果が後日メールで届く。非日常を楽しんだり、健康管理に役立てたり。カプセルホテルは寝るための場所ではないようだ。

（写真・文　島貫柚子）

DATA
設計：平田晃久建築設計事務所
階数：地上4階、地下1階
用途：宿泊施設
完成：2018年

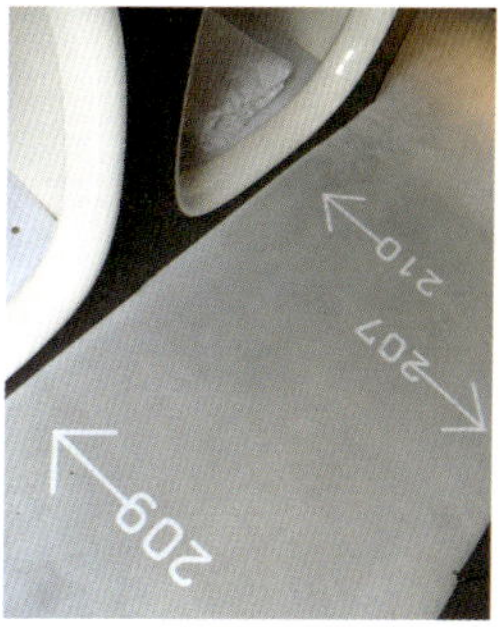

［左］フロアは男女で分かれ、エレベーターも男女別［右］床の数字はカプセルの番号

マルシェ ヴィソン

三重

大屋根の下 集めた地元愛

名古屋から伊勢方面へ高速道路を走ると目に入る、森の中の大きな屋根。これはいったい何？

約119ヘクタール、東京ドーム24個分の起伏ある敷地に、約70の店舗やホテル、温浴施設が点在する。三重県中部、多気町の山あいに2年前にグランドオープンした「VISON（ヴィソン）」は食と健康がテーマのリゾート商業施設だ。

「山の地形をいかすことが最大のテーマだった」。全体プラン作成や主要施設設計を担当した赤坂知也さん(55)は話す。「土地を平らにして都会と同じようなものを作っても仕方ない」

中でも水産、畜産、農産品など地元食材が集まる「マルシェ ヴィソ

ン」は、名古屋方面から入ってまず目に入る建物だ。

緩やかな上りカーブに沿って、片流れの大屋根が約200メートル続く。宇宙へ向けた大型アンテナにも思える曲面は、遠くの山並みと呼応する。屋根を支える柱と梁は、伊勢神宮外宮の域内にあり「あこねさん」と親しまれる豊川茜稲荷神社の連続する鳥居をモチーフとした。

屋根の下には箱状の店舗が並ぶ。外壁がなく外と内がつながる空間は、天気にかかわらず自然を感じられる。一つ一つは小さな店の集まりに一体感をもたらす大きな屋根は「大地とつながるシンボル」の表現でもある。

大屋根の反対側は県産のスギを使ったルーバーが取り付けてある。ニスや防腐剤の塗装はせず、傷んだらその部分から交換するという。「20年ごとに社殿を造り替える神宮のおひざ元ですから、地元の木材で更新しながらメンテナンスするのもありかと」

長い時間軸での地域への視点は、VISONを運営する「ヴィソン多気」の立花哲也社長(49)の言葉にも表れている。「20年30年を超え長く事業を継続するため、あえて木造の建物にした。テナントの入れ替えも考えていない」

マルシェやほかの店舗に出店するのは地元を中心に1件1件選んだ生産者やメーカー。「出店者さんにもやり続けてもらいたい。そのために長く愛され大事にされる建物が必要だったのです」

(写真・文　佐藤直子)

[上]大屋根の下には16店舗が入る迷路のような「市場」が続く
[右頁]屋根を支える構造は神社の鳥居がモチーフ

DATA
設計:赤坂知也建築設計事務所
階数:地上1階
用途:産直市場
完成:2021年

館内から漏れる光で複雑な形が浮かび上がる

SEE SEA PARK 福井

透明な箱重ねた「脱ハコモノ」

若狭湾に面して道の駅やホテル、大型遊具が人気の児童施設が集まるエリア。増殖する細胞を思わせる建物は何？

「SEE SEA PARK」は福井県南西部、人口約8千人のおおい町に2022年7月にオープンした。新規事業を町が支援する「チャレンジショップ」を含め飲食店や物販店、アウトドア用品店など約20の店やオフィスが入る複合商業施設だ。

いくつもの透明な箱が宙に浮かぶような全体の構成は、わき上がる雲や増殖する細胞を連想させる。設計者の森下修さんは「雲の下に守られた自然環境のように、大きな空間の中に、それぞれの個性が際立つ。同時に、周辺とつながり人が集まる場所となること」を意識した。

平屋の東西2棟で計約2740平方メートル。4・8メートル四方、高さ2・4メートルの透明な箱（ユニット）は計72個、床面からの高さはそれぞれに異なる。透明なフッ素樹脂膜（ETFE）製で、内側には方形《ほうぎょう》屋根のような木製ルーバーを設置。スリットを介した日差しがやわらかな光の模様を描く。

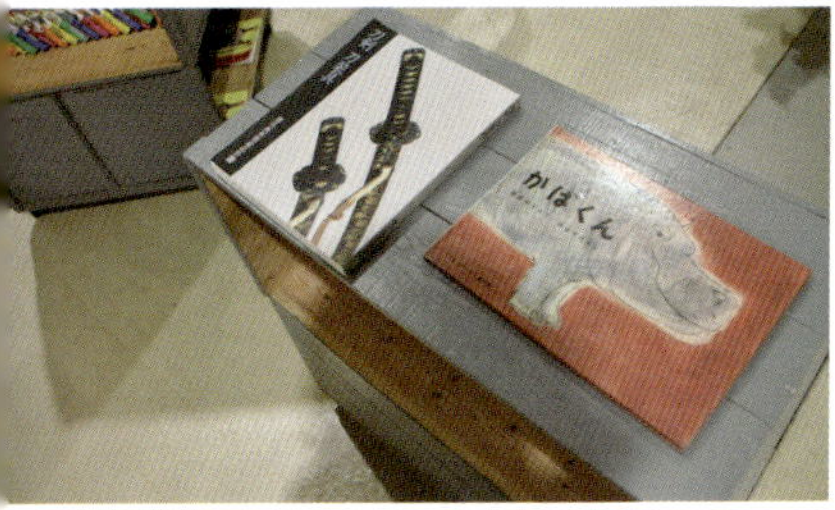

ユニットの集積は下部の屋内環境の調節にも役立つ。夏は木のルーバーで受け止めた太陽光の熱気をETFE面から外部へ放出。冬はユニット内の空気が外気との緩衝材になる一方、日ざしで暖まった空気をファンで室内へ戻す。

「脱ハコモノというか、これまでにない斬新な建物にしたかった」。施設を運営する民間まちづくり会社「リライトおおい」の渡辺敢太さんは、約20件の応募があったプロポーザルから森下さんの案が選ばれた経緯をこう話す。

原発が立地するおおい町には公共施設が数多い。ほかと違う特色をという意気込みは、名称にも込められている。「公園のように、子どもたちにもお年寄りにも、いろんな人に来てほしい」

机やベンチが置かれた広々としたアトリウムは、何をするでもなく、過ごすことが心地よい。平日の夕方は、近くのスケートボードパークで遊んだ子どもたちの姿も目立つという。

(写真・文 伊東哉子)

[右] STREETにもテーブルとイスを設置 [上] 西棟のアトリウム。天井には方形屋根形のルーバー [中] WEST棟とEAST棟をつなぐSTREETから [下] アトリウムには自由に読める本が置かれている

DATA
設計:森下修、
　　森下建築総研
階数:地上1階
用途:オフィス、店舗など
完成:2022年

島キッチン

香川

集おう 大きな柿の木の下で

高松から船で約40分。住民700人余りの豊島《てしま》にあり、国内外から多くの人が訪れるレストランとはどんなところ？

オープンキッチンの店内

10ほどのカウンター席が取り囲むオープンキッチンで手際よく料理を作るのはエプロン姿の島の女性たち。小鉢やサラダ、特製キーマカレーには島でとれた野菜がふんだんに使われている。

古民家を活用した「島キッチン」は2010年、第1回瀬戸内国際芸術祭の作品として建てられた。設計した安部良さん（57）が依頼されたのは「建築でもアートでも、地域の人と芸術家を結びつける場」。候補地の中で安部さんの心をとらえたのは、2本の柿の大木がある空き家。近所の人たちが庭に花を植え、自然と集まる場になっていた。

柿の木を舞台の一部にした野外劇場をイメージした。「どんなパフォーマンスを見せるのがいいかといえば、島のお母さんたちが料理する姿が一番だと思った」

かつて産業廃棄物の不法投棄事件が起きた島だが、元来は水や作物も豊か。東京・丸ノ内ホテルのシェフ

柿の木の舞台を前に、自由に休めるテラス。営業時間前にも涼をとる観光客の姿があった

[右]柿の木を取り巻く日よけ屋根は、4年前ヒノキ板でふき直した [左]長屋門(右)のあるエントランス

らの監修で、新鮮な食材を使ったメニューを練り上げた。

　母屋を取り巻くように縁側を、庭には浮島のような桟敷席を増設。木の葉のような薄い屋根で上部をぐるりと覆った。島でも手に入りやすい直径約3センチの水道管や鉄筋を構造材に、民家の壁に使われていた焼き杉板を屋根材に使った。

　芸術祭が終わった後も、運営を支える「こえび隊」のボランティアらと営業を続けた。1〜2年に1度は、点検と補修をする「屋根おろし」。2019年の第4回芸術祭を前に、屋根を耐久性のあるヒノキ材に変更、鉄筋や金具を強化した。

　建設から10年以上経って日本建築学会賞を受けた。NPO法人瀬戸内こえびネットワーク職員で当初からかかわる大垣里花《さとか》さん(46)は「活動を通して、建築の新しい意味をつくることができたと思います」

（写真・文　深山亜耶）

[上]桟敷のある庭から見た舞台(中央)と母屋(左)
[下]屋根の下、日ざしを避けることができる桟敷

DATA
設計:安部良アトリエ一級建築士事務所
階数:地上1階
用途:レストラン、ギャラリー、休憩所
完成:2010年

新豊洲 Brillia ランニングスタジアム

東京

義足選手も　オリンピアンも

都会に出現した巨大なビニールハウス？
実はランニング施設。
なぜ、こんな形をしているの？

美しく組まれたカラマツ材が屋根を支える。新豊洲での営業は終了し、有明に移設して2024年10月開業予定

（外山俊樹撮影）

東京五輪・パラリンピックの競技場や選手村に囲まれ、再開発が進む東京・豊洲。林立する高層ビルを背に、広大な更地に置かれたかまぼこ形の施設が存在感を放つ。長さ108×幅16・27×高さ8・5メートルの陸上練習場だ。吹き抜けの内部に60メートルの陸上トラックがのびる。

「トンネル形状は工期が短くて済みます。この施設は半年ほどで完成しました」と設計者の武松幸治さん(56)。外面には、フッ素樹脂の一種で透明なフィルム状の素材「ETFE」を使用。軽くて耐久性がある。「重ねたフィルムの内部を空気で膨らませています。雪が降るとセンサーが感知して内圧を上げ、強度を高めます」。自然採光が可能で、室温上昇を抑えるために、水玉柄をプリントして光の透過率を調整した。

「アーチを駆け抜ける感覚は新鮮」。元陸上選手で同施設館長の為末大さん(41)が話す。施設は、為末さんら有識者による豊洲の未来構想を元に建てられた。「誰もが一緒にスポーツを楽しんでいる風景があるといいねと」。競技用義足の研究所が併設され、バリアフリー設計。義足ユーザーと健常者、オリンピアンが横並びで練習する。

「僕は広島生まれ。平和教育を受ける中で、立場の違いで物の見方に差や偏見が生まれることに興味を持ったんです」。壁を取り払う方法を考えてきた。為末さんが続ける。「いつかこの施設が特別ではなくなるといいなと思います」

（写真・文　中村さやか）

DATA
設計：武松幸治
＋E.P.A環境変換装置建築研究所
階数：地上1階
用途：ランニング施設、義足研究所ほか
完成：2016年12月

旧香川県立体育館　香川

親しまれた「船」再生願うも…

陸に上がった巨大な和船のような建物。
空へこぎ出すようなその姿は、遠からず消えてしまうかもしれない。

全長約72.8メートル。屋根に点在するのは天窓、側面の円形は通気口

「船の体育館」として親しまれてきた旧香川県立体育館は、世界的建築家・丹下健三（1913〜2005）の設計で64年に完成した。同年に誕生した丹下の作品には、国の重要文化財になった国立代々木競技場（東京）がある。

ワイヤで屋根を支えるつり屋根構造も代々木と同じだ。琴の弦のように約1・2メートル間隔に張られた鋼線に角形のコンクリート板をひっかけて乗せ、コンクリートの目地を打設。特徴的な曲線が目をひく。

魅力的な屋根は、老朽化が進む中で耐震改修のネックにもなった。工事の難度や費用面からめどがたたず、2014年に閉館。23年2月、解体の方針が決まった。

体育館存続を求める一般社団法人「船の体育館再生の会」代表で建築家の河西範幸さん（45）は体育館とともに育ってきたと話す。2、3歳の頃から母がママさんバレーの練習をする間、周りで遊んでいた。中学

［左］側面から突き出た雨どいから、屋根にたまった雨水が滝のように流れ、彫刻が配置された池に落ちる［右］館内のイスや照明器具はインテリアデザイナーの剣持勇がデザインした。（現在は入館不可）

時代はバドミントンの県大会の会場だった。

　河西さんは大阪の大学で学んだ後、高松に戻り建築設計事務所を設立。体育館閉館が決まると、再生・保存を求める運動を始めた。「建築に携わる者なら価値は知っているはずだが、ほかにだれも声を上げなかったので」。会を立ち上げ、写真集を作ったり、署名活動をしたりしてきた。

　県教委が21年、有効活用に向けて民間の意見を募った際には、周縁部だけ屋根を残した屋外型のアリーナとし、スケートボードやスポーツクライミングの場とする再生計画を事業計画と共に提出したが、費用面の条件を満たさないとされた。

　県教委によると、解体に向けた準備が現在進められている。「単純に愛らしい形」にひかれるという河西さんは「なくなってから(価値に)気づくんでしょうか」と寂しそうに話した。

（写真・文　中山幸穂）

［上］観客席の下側は、軽量化のため格子状のワッフルスラブが採用された［下］客席部分が軒のように突き出た入り口

DATA
設計：丹下健三＋都市建築設計研究所、
集団制作建築事務所
階数：地上3階、一部半地階
用途：体育館
完成：1964年

谷村美術館 新潟

晩年の巨匠「最後の手造り」

駅から車で5分ほどの住宅地に、要塞《ようさい》のような、
巨大な石の彫刻のような建物を発見。これは何？

[右]遺跡をイメージした外観 [上]トップライト施工時は仏像を描いた板を置いて採光を確認した

「手造りの建物としてそれを最後にしたい」。日本を代表する建築家・村野藤吾（1891〜1984）はそう述べて「谷村美術館」の設計を受け、亡くなる前年に完成した。展示するのは彫刻家・澤田政廣《せいこう》（1894〜1988）の仏像彫刻10点ほど。収集した地元・谷村建設社長（当時）が計画、澤田自身が村野に設計を依頼した。

シルクロードのオアシス、中国・敦煌の遺跡をイメージした建物の外壁はくすみ、完成後40年の月日を思わせる。村野を研究する京都工芸繊維大学・角田暁治教授（58）は「時間が経った時に建物が完成するという考えが村野にはあった」と話す。

荒々しさもある外観から一転、内

外壁は年月を経て黒い石のような色に。村野は時間の経過とともに建築ができあがると考えた

部はやわらかな光と曲面に包まれる。石窟のような空間に仏像が安置された不定形の展示スペースが6カ所。トップライトや壁面のスリットから差し込む自然光と照明が仏像を照らす。心を静める入り口の回廊から、余韻に浸る出口への回廊まで、自然と目に入る仏像に導かれるように進む順路は、「巡礼」のようでもある。

残された設計図面には「模型による」「模型参照」などと直筆で書き込まれている。「村野はしばしば、粘土で作った模型を自宅に持って帰り、枕元に置いて寝る前に触り、起きたらまた触り、という作り方をした」と角田さん。

「現場で最終検討」という趣旨の書き込みも多い。90歳を超えていた村野は時には医師を帯同して現場に足を運び、建築主でもあり施工を担当した谷村建設に直接指示を出した。外観で重視した「地面から生えたような感じ」は、前庭に敷かれた砕石

［上］入り口前の回廊の壁と床も曲面の仕上げ［左］曲面の壁が自然光による陰影を映す

から立ち上がる曲面を「自ら熊手を持って」なでつけて見せたという。

　仏像と向き合う美術館の完成に、彫刻家の澤田は「夢のよう」と述べた。角田さんは「遺跡を想起させる物語の力、形態の力、空間の力が相互に響き合う稀有《けう》な建築」と語る。

（写真・文　深山亜耶）

DATA
設計：村野・森建築事務所
階数：地上1階
用途：美術館
完成：1983年

下瀬美術館

広島

浮力で入れ替え動く展示室

瀬戸内海に面した場所にできた新施設。水に浮かんでいるように見えるカラフルな直方体は、何に使われているの？

広島県西端の大竹市に2023年3月にオープンした「下瀬美術館」は、広島市の建材メーカー・丸井産業が、創業家の美術コレクションを収蔵、展示するために建てた。瀬戸内海に面した4・6ヘクタールの敷地に美術館、レストラン、ヴィラ（宿泊棟）10棟が点在。すべて世界的建築家・坂茂さん（66）が設計した。

（坂茂建築設計提供）

［上］水面に漂っているような可動展示室［左］楕円形のエントランス棟は大木のような2本の柱が支えている

［上］動展示室は夕暮れになると明かりを灯し、提灯のようにほんのりと辺りを照らす（望洋テラスで撮影［左］エントランス棟外観。外壁は全くの曲線ではなく、長方形の平面ガラスを何枚もつなげているため、そのまま景色が反射する

ひときわ目をひくのは、海辺に置かれた大きな8つの箱。飾り気のない形ながら、全体がガラスで覆われピンク、オレンジ、黄色、紫……とカラフル。その姿は足元の水面に映し出され、水に浮いているようだ。

「瀬戸内海の島々から着想しました」と坂さんが話す箱は水盤上を移動できる「可動展示室」。並べ方を変え通路でつなげば展示の構成、順序が変化する。「リピーターを増やすため、行くたびに驚きがある館にと考えました」

台船上に設置された10メートル角の展示室は、水盤の水位を60センチまで上昇させると浮かび上がり、約40トンの展示室が2人程度で移動できるという。法的な許可を得た7パターンの配置が可能。展示室をつなぐ通路は軽量のポリカーボネート素材を採用した。

海と山を見渡す立地を効果的に利用して見せるのが、外面は鏡のように景色を反射、内側からは透明に見える「ミラーガラス」だ。楕円形のエントランス棟や、敷地の中央を貫く長さ180メートルの通路の外壁に使われ、空間が拡大したように感じる。どこからでも海が見えるよう、地盤を3メートルかさ上げしてもいる。

併設のヴィラのうち4棟は1990年代に坂さんが手がけた住宅作品のリメイク。谷藤史彦副館長は「美術館、宿泊、レストラン一体の施設として海外の人の認知度も上げていきたい」と話す。展示内容は人形、ガラス工芸、日本近代と西洋の絵画が中心。「建築や全体の景観と合わせて楽しんでほしい」

（写真・文 片野美羽）

DATA
設計：坂茂建築設計
階数：地上2階、地下1階
用途：美術館
完成：2023年

santo《サント》 広島

「鞆鍛冶」の技術 未来につなぐ

江戸時代の港湾施設が残る鞆《とも》の浦から車で約5分。
工場が立ち並ぶ鉄鋼団地におしゃれな空間を発見。
ここは何をするところ？

[上] たき火台を中心とした半屋外スペース。表面が波板状のコンクリート壁で囲んだ部分はトイレやシャワースペース、キッチン [右] 正面入り口から。「santo」は、スペイン語で「聖なる」の意味で、中南米に思い入れのある早間社長が命名した

潮待ちの港として栄えた鞆の浦は、鍛冶《かじ》の町でもあった。中世には刀剣、江戸時代からは船釘やいかりの製造が盛んに。そんな「鞆鍛冶」の流れをくむ工場群が集団移転した「鉄鋼団地」の一角に、ショールーム兼イベントスペースの「santo」はある。

運営する三暁《さんぎょう》も船具製造に始まる金属加工会社で、現在は最新機器を導入し部品、金物製品を幅広く製造する。3代目社長の早間寛将さんが鍛冶の技術を応用した家具やアウトドア用品のブランドを立ち上げたのは、100年以上続くいかり製造業者の廃業のうわさを耳にしたのがきっかけだった。

「実際に見にいったら、すごい作り方。何百年も受け継がれてきた鍛造、鍛接の技術が途切れてしまう危機感に初めて直面した」と早間さん。工場を買い取り、職人から技術を継承しながら新しい商品を開発した。

工場の一部をショールームにと計画、一般の人に鉄鋼団地に足を踏み入れてもらうには「突き抜けたものじゃないと」と考えた。そして設計を託したのは、福山市が拠点で海外でも活躍する前田圭介さんだ。「地元のルーツを大事にしたい思いが同じだった」

両隣の工場が敷地ぎりぎりまで迫るのを利用して、建物の半分ほどは壁のない半屋外空間とした。正面の鉄の引き戸は、いかり工場時代に使われていたもの。囲炉裏ふうのたき火台は、「これだけは」と早間さんが要望した。

鉄柱と天井の木組みなど異素材の組み合わせは、ディスプレーする家具とも共通する。「人が手でつくっている温かみ」も反映させたいと考え、すそ広がりの鉄柱は塩害対策で施したメッキ処理の色ムラをそのままに仕上げた。

「どんなふうに使うかも含めて一緒に考えた空間」と前田さんは話す。「古いものと新しいものが対話しながらこれから50年、100年、この場所で何かを生み出していくといいなと思います」

（写真・文　伊東哉子）

DATA
設計:前田圭介
（UID／近畿大学教授）
階数:地上1階
用途:店舗、体験型施設
完成:2022年

鈴木大拙《だいせつ》館

石川

解説はあとでめぐって感じて

世界に禅を紹介した仏教哲学者の名を冠した施設。直線や白壁が印象的な建物には、どんな時間が流れている？

兼六園にも近い金沢市の文化的地区に立つ「鈴木大拙館」。鈴木大拙（1870〜1966）への関心が、特に海外で改めて高まったことを受けて建設された。生誕地に近く、武家屋敷があった時代からの緑に恵まれた閑静な場所だ。

玄関棟、展示棟、思索空間棟を回廊でつなぎ、玄関の庭、露地の庭、水鏡の庭を配した施設建物の設計を

［上］しっくいの白壁と大きく張り出した軒が特徴の思索空間棟［右］思索空間棟内の椅子に腰掛け、石垣を眺める

手がけたのは、建築家の谷口吉生さん(85)。父で同じく建築家の吉郎さんも金沢出身、大拙と交流があったという。

玄関棟から展示棟へ一直線に伸びる内部回廊は黒壁が続く。ほのかにともる光を目指して進むと、光源は突き当たりの壁にかかる大拙の肖像写真だった。続く空間には書籍や原稿、書、写真などが展示されているが数は少なく、説明もごくわずかだ。

「記念館とか資料館ではないのが当館の特徴です」と学芸員の猪谷聡さん(47)は話す。「過去の偉人として大拙を紹介するのではなく、生き方や考え方を現代に生きるかたちで伝えるのが狙いです」

水を張った水鏡の庭に囲まれた思索空間棟へは、テラスのような外部回廊から。さっき来た回廊を戻るかたちなのだが、開放感と水の風景で、全く別の場所と錯覚しそうになる。

正方形の思索空間棟には90センチ角の畳敷きの腰掛けが置いてあるだけ。四方の開口部から穏やかな水面や周囲の緑を眺めたり、天井の円窓が切り取る空に目をやったり。「館内を1周ではなく、グルグル時間をかけてめぐるのが面白いです。ちょっと新しくなった自分が見れば、また面白さも変わってきます」

平行、直交する潔い直線が目立つ中で、思索空間棟の天窓が円形なのはなぜだろう? 谷口さんに尋ねてみた。「上から見ると建物の四角、(方形)屋根の三角、窓の丸。(禅僧)仙厓義梵の○△□です」

(写真・文 片山知愛)

[上]思索空間棟の内部 [下]思索空間棟の向かいにある高さ4.2メートルの石垣。約400個の割肌の石は瀬戸内海の犬島産。本多の森公園の斜面緑地を借景とする

DATA
設計:谷口吉生、谷口建築設計研究所
階数:地上1階
用途:博物館
完成:2011年

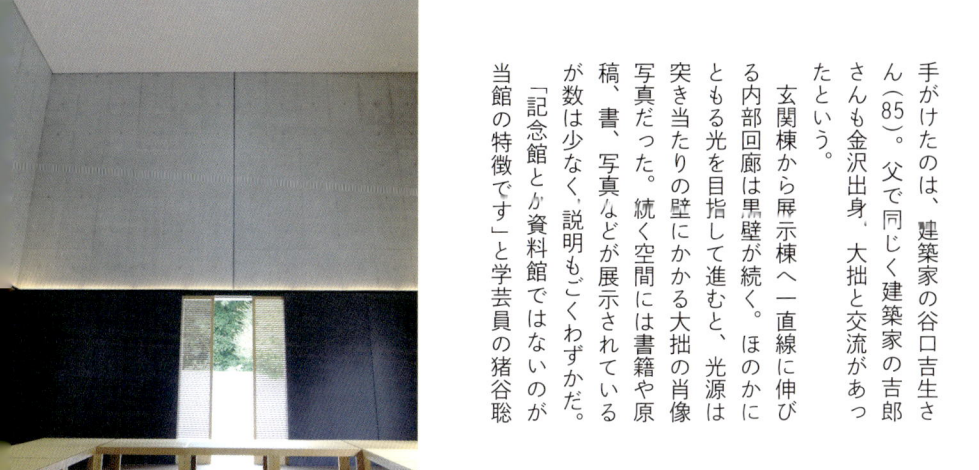

静岡市歴史博物館

静岡

家康も歩いた？　遺構そのまま

博物館の真ん中に、
長さ約30メートルの発掘現場が！
土も石もむき出しのまま、なぜここに？

3階には建物から飛び出した曲線状の展望ラウンジがある。
向かいにある駿府城公園のほか、日によっては富士山も望める

徳川家康が築いた駿府城の跡地、駿府城公園と隣り合う「静岡市歴史博物館」。大きな屋根がかかった1階中央部に広がるのは、この場所から発掘された「戦国時代末期の道と石垣の遺構」だ。土と砂利を混ぜ固めた路面は幅2・7メートル、長さ33メートル。その両脇に石垣が連なる。

遺構は、館建設を控えた2019年の発掘調査で見つかった。「何か出てくるだろうとは思っていましたが……予期せぬ発見でした」。調査を担当した静岡市文化財課の小泉祐紀さん(44)は、当時の驚きを振り返る。

「道と石垣」が造られたとみられる戦国時代末期、この場所は駿府城正面のすぐ外側にあたり、重臣クラスの人物の屋敷があったとも考えられるという。その後、城代屋敷、図書館や小学校などに変遷したが、遺構は地表の約1メートル下に残っていた。

発掘された遺構を保存するため

遺構の前では毎日、学芸員による展示解説がある

には、調査後に埋め戻すことが多いという。「道と石垣」を埋め戻すか、公開するか。公開するなら、透明な床で覆って保護するか。議論を重ね、出土した状態のまま公開する露出展示を決めた。

「家康を主人公にした博物館の地から見つかったのだから、実物そのままを見てもらいたいという思いがあった」と、同館学芸員の宮崎泰宏さん(35)。「遺構の露出展示は珍しい方法。大きな決意で踏み切った」という。

当時すでに建物の設計は完了目前だったが、遺構を取り込んだ設計へと大きく変更した。2階、3階の展示構成を見直し、2階展示室入り口と1階を結ぶスロープで遺構をコの字形に囲んだ。「家康も歩いたかもしれない道」を間近に感じる仕掛けとして、遺構の高さまで下りる階段も設置した。

遺構公開から2年。土や石が露出しているだけに温湿度管理や消毒、定点調査などを欠かさず行いながら、400年以上前の息吹を伝えている。

(写真・文 木谷恵吏)

[上]博物館3階の展望ラウンジから駿府城公園を望む [下]遺構を眺めながらスロープを上ると、展示室入り口がある

DATA
設計:SANAA事務所
階数:地上4階
用途:博物館
完成:2022年

富弘美術館　群馬

村ぐるみ 設計コンペに1211案

みどり市立の「富弘美術館」は、地元出身で事故により手足の自由を失い、筆を口でくわえて詩画を制作する星野富弘さん（74）の作品を所蔵、展示する。展示室、ロビー、ショップ、事務所……平面図で見るとすべて円形。廊下はなく、円どうしが接し合う。

設計案は2001年、インターネットで公募した。当時は人口3500人足らずの勢多郡東村の施設。そこへ54の国・地域から1211点もの応募があり、「コンペ史上最多」と話題になった。すべての案を村の社会体育館に展示。最終の公開審査に村内外から集まった約400人の傍聴者のため、村民がカレーライスと豚汁を振る舞った。

選ばれたのがヨコミゾマコトさん（58）の案だ。52メートル四方の正方形の中に、直径5〜16・4メートルの鉄板製円筒を配置。相接することで強度も増す。「生物や社会のシステムにも通じる相互補完的な構

山並みと草木湖をバックに。屋根は濃淡の違う４種類のグレーで塗装されている。入り口は向かって右側

上から見ると、四角い箱の中に大小の茶筒を入れたよう。なぜ円形の部屋ばかりが続く構造に？

造」という。

学芸員の桑原みさ子さん（62）は「絵を飾るのに曲面の壁なんて……と言うと、すぐに心配を払拭する説明をしてくれた」と振り返る。建設中や完成後に、だれでも参加できる意見・情報交換の場を計20回近く設けた。その内容は施工者が収蔵庫の仕組みを解説したり、カフェのコンセプトを検討したりと幅広い。

当の星野さんはというと、「最初は使いづらそうだなと思ったけれど、円形のやわらかさが自分の作風に合う。隅ができないのもいいなと思いました」

（写真・文　牧野祥）

DATA
設計：aat
＋ヨコミゾマコト
建築設計事務所
階数：地上1階
用途：美術館
完成：2004年9月

壁を右に感じながら進むと迷わずに展示を見て回れる

大雨の後は中庭が池になる。左手奥は佐喜眞家の亀甲墓

佐《さ》喜《き》眞《ま》美術館　沖縄

基地の隣から届ける 反戦の心

那覇市中心部からバスで約1時間。
こぢんまりした美術館が米軍基地の隣にあるのはなぜ？

美術館入り口。看板の文字は丸木位里のもの

国道の角を曲がり、住宅などが立ち並ぶ一角。「佐喜眞美術館」は、その日の大雨でできた水たまりに特徴ある列柱を映し出していた。

すぐ後ろには有刺鉄線つきのフェンスがあり、「米国海兵隊施設」の看板が示すように向こう側は普天間基地だ。上空を頻繁にヘリが飛ぶ。

館の展示の中心は丸木位里・俊の「沖縄戦の図」。館長の佐喜眞道夫さん(78)は関東で鍼灸院を営んでいた時、体験者の証言を元にこの連作に取り組む丸木夫妻と知り合った。佐喜眞さんの父母は沖縄出身。

往診してはり治療を施しながら、沖縄についての「質問攻め」に応えるうち懇意になり、夫妻から「沖縄戦の図」を沖縄に展示してほしいと託された。

自ら展示の場を造ると決め、知人から紹介された那覇市の建築家・真喜志好一さん(80)に設計を依頼した。

当時、埼玉県の「原爆の図丸木美術館」にあった「沖縄戦の図」を見た真喜志さんは、「建てる場所が大事」と直感した。「例えば(那覇市中心部の)国際通りの雑踏の中では、絵に込められた反戦の心を消化できない」

緑があり、海が見え、沖縄の心や歴史が感じられる場所。2年ほども探し続けた末、意外な「適地」を見つけた。佐喜眞さんが相続し、普天間基地の一部となっていた先祖伝来の土地だ。

土地の返還交渉は当初難航したが、地元宜野湾市の協力も得て米軍側のOKを取り付けた。取り戻した約1800平方メートルの土地に館が完成したのは、建設を決めてから10年近く後だった。

「建物はあくまで絵の背景。自己主張をさせなかった」と真喜志さんは話す。赤瓦や石垣といった沖縄的な要素さえ採り入れるのを避けたが、屋上のデザインには強い思いが見てとれる。

何の飾り気もなく、あるのは階段だけ。踊り場をはさんで6段と23段。上った先の四角い穴は6月23日、沖縄戦の犠牲者を悼む「慰霊の日」の落日の方向を示している。

(写真・文　大庭牧子)

[上]沖縄戦犠牲者への思いが込められた佐喜眞美術館の屋上。普天間基地の敷地がほぼ真下に見える [下]館と地続きの佐喜眞家の亀甲墓

DATA
設計:真喜志好一
階数:地上1階
用途:美術館
完成:1994年

旧佐世保無線電信所（針尾送信所）施設

長崎

ミカン畑に囲まれた無線塔。真珠湾攻撃を告げる暗号電文「ニイタカヤマノボレ1208」を中継したともいわれる

天突く3基 100年前のコンクリ

内部を公開している3号塔。戦後は海上保安庁や海上自衛隊が施設を引き継いだが、1997年に送信所の役目を終えた

筆者が育った佐世保市のあちこちから眺められる3本の塔。初めて間近で見てみると……。

そびえ立つ3基の無線塔を含む「旧佐世保無線電信所(針尾送信所)施設」は旧日本海軍が1922年に完成させた。現在の価値で約250億円が投じられ中国、東南アジア、南太平洋方面の部隊との通信に使われた。

底部の直径約12メートル、高さ約136メートルの無線塔3基は1辺300メートルの正三角形の頂点に位置する。当時の無線の主流は長波で、遠距離通信には巨大な施設が必要と考えられていた。

「一言でいえば美しい。そして技術力がすごいです」と、佐世保市教育委員会の松尾秀昭さん(43)は話す。鉄筋コンクリート造りの塔の外観にひび割れなどは見られない。内

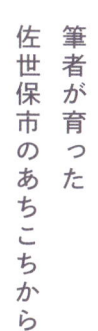

無線塔３基の中心に設置された電信室

部の構造物の一部にさびがあるものの、塔頂部まで続くはしごは現在も点検の際に使っている。

当時鉄筋コンクリートは比較的新しい技術だった。同じ頃千葉や台湾に造られた無線塔が鉄製なのに対し、佐世保ではコンクリートが使われたのは、軍港のあった佐世保には鉄筋コンクリート構造に詳しい技術者がいたためと考えられている。

「材料選びから完成まで手間暇かかっています」と松尾さん。塩分による劣化を防ぐため、コンクリートに混ぜる砂や石は佐賀県唐津市の川砂を使い、さらに真水で洗浄された。岩盤を掘削した深さ約6メートル、直径約24メートルの基礎の中心に木材でタワーを組み上げ、中に作業用昇降機などを設置。塔の高さを100層に分け、気泡が入らないよう1層ずつ丁寧に締め固めながら打設された。

「小さい頃は遊び場だった。地元の誇りだね」と話す田平清男さん

[右]頂上部には1辺18メートルの三角系の空中線展張装置(通称「かんざし」)が設置されていたが、老朽化し撤去された [左]無線塔内部を貫くはしごは約600段。「子どもの頃はてっぺんまで上ってました」と田平さん

(81)は、2013年の重要文化財指定を機に発足した針尾無線塔保存会の会長を務める。近隣2地区の約100世帯でつくる保存会は毎日交代で現地に待機し訪問者の案内をするほか、草刈りも行う。

建設から100年の昨年、市は長期保存に向けた本格的な調査を開始した。「あと100年は大丈夫だって」と期待する田平さんは「多くの人に来てほしい。戦争のことも、建物の技術も知ってほしい」と話した。

(写真・文 田中沙織)

DATA
設計:吉田直
構造:1、2、3号塔とも高さ約136メートル
用途:無線塔
完成:1922年

[上]ボタ山を背景にそびえる竪坑櫓［下右］保存修理工事を行う前の8階吹き抜け部分(2018年・志免町提供)［下左］周辺には坑口の跡が残っている

旧志免《しめ》鉱業所竪坑櫓《たてこうやぐら》 福岡

地下430メートル 炭鉱のエレベーター

福岡空港から車で約10分。高台のグラウンドにそびえ立つ頭でっかちの建物は何？

福岡市のベッドタウン、福岡県志免町はかつて、福岡市の東に広がっていた糟屋炭田のほぼ中央に位置する。1906年、旧海軍直営の採炭所が開坑。艦船で使う良質の無煙炭などを産出した。

高さ47・6メートル、鉄筋コンクリート製の竪坑櫓は太平洋戦争中の1943年完成。地下のより深い層の石炭を採取するため、立て坑を通じて作業員や石炭を昇降させる「エレベーター」として造られた。5階までは柱とはりだけ、最上階の8階に設置された巻き上げ機が、地下430メートルからエレベーターの「かご」を巻き上げた。

戦後は旧国鉄志免鉱業所として操業を続けたが1964年に閉山。9つの坑口は閉じられ、やぐらも放置された。廃虚のまま いずれ取り壊されると思われたが2000年、近くで炭鉱関連の遺構が発掘され、調査が始まった。

調査に関わった町社会教育課の徳永博文さん(56)は、産業考古学の研究者から「このやぐらは重要」と聞いたが、「なぜ重要なのかわからなかった」。その理由を探るため、自費で北海道から沖縄まで国内の石炭産業関連遺構を訪ね歩いた。

国内には類例がないやぐらだが、中国とベルギーの炭鉱に同型のものが現存することもわかった。中国東北部の撫順を実際に訪れ、れんが壁のやぐらで、戦前日本が運営した南満州鉄道製であることを確認した。

約10年かけて調査報告書をまとめた徳永さんは「これは残さなければいけない」と確信したという。炭鉱事故や労働争議の記憶などから保存に消極的な声もあったが、近代化遺産ブームもあって2006年に町が譲渡を受け、2009年には国の重要文化財に指定された。

建物上部が大きく突き出した「ハンマーコプフ(金づち)」型は、周囲に関連施設が立ち並ぶ中で、スペースを効率よく使うため建設したと思われる。「よくバランスを保っていて、建築技術の高さを感じます」と徳永さん。「(鉱業所の中で)これだけでも残ってよかった」

(写真・文 田中沙織)

1階開口部につり下げるように取り付けられたひさし。「柱が邪魔にならないよう工夫したのではないか」と徳永さん

DATA
設計:猪俣昇
階数:地上8階、
地下1階
用途:石炭採掘施設
完成:1943年

[右]河童がひじをついて寝そべっているようにも見える。地域の住民はもちろん、観光などに訪れる人々からも親しまれている [上]ホームに降り立つと目に入る河童像「お迎え河童」

田主丸《たぬしまる》駅

福岡

あふれる河童愛 つなぐ町の顔

JR久留米駅から列車に揺られ、果樹園や平原を横目に約30分。田主丸駅(久留米市)で出迎えてくれたのは?

耳納《みのう》連山を背後に、木造2階建ての白い駅舎は愛らしくたたずんでいる。緑色の屋根の下、楕円《だえん》形の2つのはめ込み窓はつぶらな瞳のようで、黄色い三角形のひさしは嘴《くち》にも見える。

「河童《かっぱ》伝説を大切に継承している地域の顔」。河童をいかした町おこしに取り組む住民グループ「田主丸河童族」の菰田馨蔵《こもだけいぞう》さん(73)は笑顔で語る。

中央アジアから大移動した河童の一大勢力「九千坊一族」が筑後川の支流、町を流れる巨瀬《こせ》川にすみついた——。そんな伝説が残る地に、

ホームから見える駅舎。下校中の学生たちが建物の日陰で帰りの電車を待っている

［左］昔ながらの改札口ではICカードは使用不可。乗降客は切符を駅の職員にみせる ［右］改札口とカフェに挟まれた憩いのスペース。窓際には田主丸駅の模型が飾られている

芥川賞作家の火野葦平（1907〜60）がたびたび訪れ、小説を通してもり立てたことが、今につながっている。

「河童駅舎」は92年に誕生した。旧田主丸町の職員で建設計画に携わった井《い》房生さん（69）によると、28年に建てられた初代駅舎の老朽化が進む中、竹下登内閣が「ふるさと創生」として全国の自治体に配った1億円を町が活用した。全町民に使い道を募る自由記述アンケートを実施し、選考会議で精査して「田主丸駅付近のイメージアップ」に使うことを決めた。

デザインは、町内の県立浮羽工業高校の夏休みの宿題として生徒から募集。提出された複数の原案をモチーフに、町内の西村工務店が設計図におこし、JRから土地を借りて町がつくった駅だ。屋根の中心にせり出した採光窓で頭頂部のお皿を表現し、駅前の道路側にもホーム側にも同様の顔をあしらった。

駅の待合室、特産品の展示場などに使われていた駅舎は、2018年のリニューアルでカフェ「KAPATERIA」に生まれ変わるなど、町民にも観光客にも親しまれている。

住民たちの「河童愛」も衰えることはないようだ。ホームに河童の石像があぐら座りをするほか、町内のあちこちにモニュメントが置かれ、河童にちなんだ土産品も少なくない。

2階の河童の目からは、平野に広がる町が見渡せる。河童に愛着を抱く地域の人々を見守っているように見えた。

（写真・文　片野美羽）

DATA
設計：西村工務店
階数：地上2階
用途：駅舎、カフェ
完成：1992年

［上］ステンドグラスやストリートアートのような装飾が彩る［左上］午後7時半からはステンドグラスがライトアップされる［左下］ライブハウスとマンションの間の狭い路地の先に立つ

マジックスクエアビル 福岡

福岡のガウディ 探してみたが

「親不孝通り」から路地に入ると
目が合ってしまう不思議なビル。
だれが、なんで建てたのだろう？

福岡市繁華街の「親不孝通り」。「マジックスクエアビル」は、車1台がせいいっぱいの細い路地の先に立つ。波打つ頂上部、目玉のような装飾、中央部に突き出た仮面のような造形はバルコニーの柵だろうか。

ビルを所有する会社によると、設計者や完成年などの記録は残っていない。1、2階に入居するライブハウス・クラブ「キースフラック」代表の男性(44)に聞くと、少なくとも30年前からビルはあったという。

男性は北九州市の出身で、子どもの頃から音楽好き。大学時代からDJをしていたこの店を前代表から引き継いだのは12年ほど前だ。ビルの詳しい来歴は知らなかったが、似たデザインの建物が福岡県内に数カ所あると教えてくれた。

このうち久留米市にある貸ビルは、名前も同じ「マジックスクエアビル」。所有者の荒木研二さん(65)は、ガウディの「サグラダ・ファミリア」に着想を得たデザインと伝え聞いているという。

バブル末期の1991年にカラオケ店として建てられた。事業縮小でビルを売却することになった約15年前、運営会社のカラオケ部門責任者だった荒木さんが買い取った。建設当時の書類には、福岡市南区の建築事務所の名前が記されていた。福岡市のビルも同じ事務所の設計では、と荒木さん。ネット検索した電話番号にかけてみたが、解約されていた。

再びキースフラック。「僕がやらないとお店がなくなっちゃうから。音楽を表現する場所を守らなきゃという一心だった」と、代表の男性は経営を引き継いだ理由を話した。全国的に風営法違反容疑でのクラブ摘発が続いた時期で、この店も存続が危ぶまれる状況だった。

知りたかった建物の詳細は、結局よくわからなかった。が、街や人から感じたエネルギーが、何よりビルを物語るように思えた。

（写真・文 笹本なつる）

DATA
階数：地上5階
用途：貸しビル

水まもりトイレ

神奈川

清く美しく 純白の管状空間

広々とした企業施設の中に、まっ白なウェディングケーキのような建物。これは何のためのもの？

下水道管維持管理の管清工業（本社・東京都）が昨年オープンした「厚木の杜環境リサーチセンター」は、企業や自治体向けの下水道管管理研修や小中学生の体験学習を行える施設。緑豊かな周辺環境をいかし、自然とふれあえるビオトープもある。約3ヘクタールの敷地を入ると目に入るのが「水まもりトイレ」だ。

長谷川健司社長（71）のリクエストは「今までにないトイレ」だった。設計を担当したT2Pアーキテクツが提案したのは「管状の空間」。三

「水を使いながら守る」ことを伝えたいと命名した。井戸水を使い、災害に備え発電機も設置

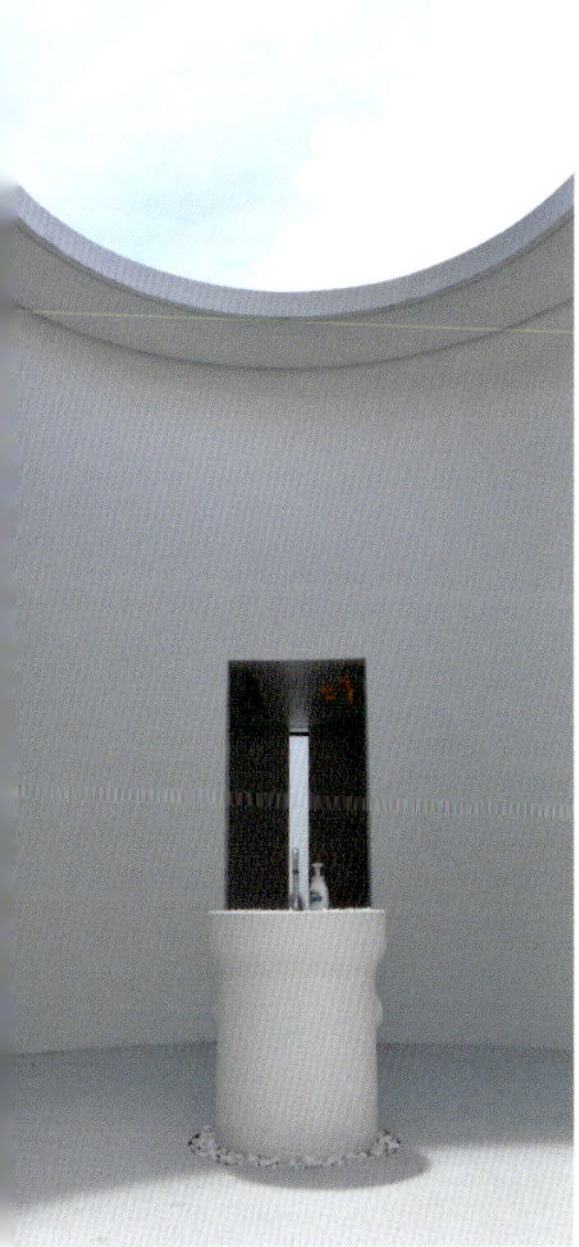

［上］下水道管をそのまま利用した手洗い場。水庭で遊んだ後に手足を洗える［左］入り口を入るとすぐに中庭が。天井から降り注ぐ太陽光がまぶしい

浦朋訓さん（47）は、「下水道に関わる管清工業ならではの場所づくりを目ざした」と話す。

直径5メートルの小円筒の外側に7・5メートルの中円筒、さらに10メートルの大円筒。高さの違う3つが、円周上の1カ所で接して立つ。個室は小中の円筒の間に4つ。入ると、意外なほどの明るさに驚く。

大円筒の外側には、さらに大きな円形の水庭があり、個室のすぐ外側まで水が張ってある。個室と大円筒の間はガラス張り、日光に照らされた水面のきらめきがすぐそこに見える。

開放感と明るさの一方、プライバシーの確保も考慮。外壁の高さや外壁を水庭に浮かせるすき間に反映されている。また個室の様子が水面に映らないよう、噴水で常に波紋を生じさせている。

小円筒に囲まれた入り口の中心には、下水道用のコンクリート管を利用した手洗い場を設置。個室を示すピクトグラム（絵文字）の素材は水道用の樹脂管。一見真っ白な壁の上部は一部が水色で、上から見ると「K」の字をもとにした管清工業のマークに見える。

白いトイレを保つため清掃は社員が毎日欠かさず、「完成時のレベルを保つ」意識を共有している。「会社の顔だからね。引退したら私も参加したい」と長谷川さんは話した。

（写真・文 片野美羽）

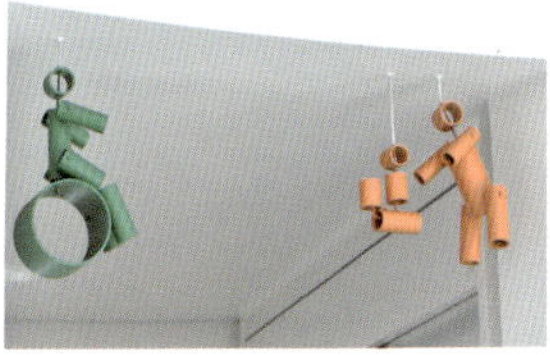

［上］自然光と水庭で明るい個室［左］中庭から見えるように示されているピクトグラム。これのおかげで迷わない

DATA
設計:T2Pアーキテクツ
階数:地上1階
用途:広場・屋外トイレ
完成:2022年

「学ぶ、学び舎」東京学芸大学 HIVE《ハイブ》棟

東京

学びの探求 使い道は後から

キャンパスの一角が丘のように隆起している。波打つ灰色屋根の下に入ると、大木の根のような構造に圧倒される。ここは何？

自然豊かな東京学芸大学のキャンパス。波打つ屋根の「学ぶ、学び舎《や》」は、公園の遊具のようにも見える。「HIVE」とはハチの巣の意味だ。いったい何をするための場所なのか？

「その問いかけこそが、この建物を建てた目的です」と、設計者の秋吉浩気《こうき》さん(35)は語る。

あえて言うなら「次世代の学びを探求する教育インキュベーション施設」。教員志望者が多い東京学芸大を中心に、「新しい公教育の創

造」を掲げて始まったプロジェクト「Explayground」の拠点として建てられた。

最初は壁や窓がある建物を想定していたが、会議を重ねる中で「計画された空間から創造的な発想は生まれない」といった意見が出た。少なくとも3回、構想を練り直し、ようやく今のデザインに落ち着いた。

親交のあった投資家の仲立ちでプロジェクトに参加した秋吉さんにとっても新しい挑戦だった。森林資源の活用をテーマに2017年に起業、建築設計や木材加工機の販売を行う。これまで手がけた木造住宅などと違い、耐火性能が求められ、初めてコンクリートを併用した。

形の異なる千以上の直交集成板(CLT)のパーツを組み合わせて屋根を構成。葉脈のような溝からコンクリートを流し、厚さ8センチの膜状に木材を覆っている。

小さなパーツで造形した屋根の表面には芸術作品のような表情が生まれ、「生命感のある」建物になったと秋吉さんは自負する。

「用途を定めていない建物を国立大学に造ったのは前代未聞と言われています」と、東京学芸大Explayground推進機構・理事の藤村聡さんは話す。「巣」に集まる人々から何が生まれるか、実験は始まったばかりだ。

(写真・文 高田倫子)

[上]近所の子どもがサッカーをしたり、敷地内の保育園児が散歩をしたりする場になっている [下]内側から見上げると、うねるような架構が迫る

DATA
設計:VUILD
階数:地上1階
用途:集会所兼木工所
完成:2023年

3Dプリント建築物として国内初の国土交通大臣認定を取得。
一般公開していないが、研究所の門の外から外観は見える

3dpod《スリーディーポッド》 東京

3Dプリンターが「一筆書き」

大手ゼネコンの技術研究所に現れた、
ろくろ作りのカップを思わせる建物は何？

大林組技術研究所（東京都清瀬市）に入るとすぐ目をひく「3dpod」は約27平方メートル、1DKほどの平屋建て。壁や天井など地上の部材すべてを建設用3Dプリンターで造った、技術開発のための実証棟だ。

「言い出しておいて、でき上がらなかったらどうしようと思いました」。技研で3Dプリンター開発を担当し、作業をつきっきりで見守った坂上肇さん（40）は話す。

使ったのは、長さ3メートルのロボットアームがついた、小型重機のような3Dプリンター。秒速38センチで動くアーム先端のノズルから、ケーキを飾るクリームのように専用モルタルを搾り出す。5ミリずつ高さを増しながら、「一筆書き」で壁の枠を造る。

プログラム通りに自動で動くプリンターだが、屋外での作業は気温や天候の影響を受け、建設当初は作業を安定的に進めるのに苦心したという。連日細かい調整に腐心した坂上さんは「3dpodを見ると感極まってしまう」と冗談めかす。

3Dプリンターによる建築は省力化や工期短縮、自由なデザインなどのメリットが期待され、国内外で研究開発が進む。3dpodの特徴は「耐震構造を実現したこと」と設計を担当した木村達治さん（46）。モルタルで枠を形づくった壁の中空には鋼繊維入りのセメント系材料「スリムクリート」を流し込み、鉄筋・鉄骨を使わない建物を可能にした。

上から見てまゆのような形は、強度や作業効率を高め、少ない材料で大きな空間を得るため何十もの案を検討した結果だ。ネット状のユニークな天井は外階段から上がれる屋上を支えている。将来的に2階、3階建ての建築物に応用することを視野に入れた。

設定したいくつかの課題はクリアしたが、同社のロードマップでは第1段階にすぎないという。3Dプリンターと現地の材料を使って月や火星に基地を遠隔建設……未来の展望は広がっている。

（写真・文 島貫柚子）

［上］階段も苦心した。中央がくぼんだスロープの上に、踏み板をかけ渡してある［下］ネット状の天井の構造も別の場所で3Dプリンターが作製。電気、水道、空調を備え、ゴミ箱も3Dプリンター製

DATA
設計：大林組一級建築士事務所
階数：地上1階
用途：実証棟
完成：2023年

輝《き》北《ほく》天球館

鹿児島

宇宙と大地つなぐデザイン

まるで巨大な尻尾を持つ昆虫？
部品が複雑に組み合う
機械のようにも見える。
独特な造形に込めた狙いとは？

もくもくと煙を吐く桜島を対岸に望む、鹿児島県鹿屋市の高台。様々な形が入り組んだ不思議な造形の建物が、桜島に負けない存在感を放っている。

ＮＰＯ法人まちづくり輝北が管理運営する天文台「輝北天球館」だ。旧環境庁主催の「全国星空継続観測」で、輝北町（現鹿屋市）が1991年から4年連続「きれいな

見る角度や昼夜で異なる表情を見せる

研修室上部を全長33.33メートルの「ロータス」が突き抜ける

星空日本一」に選ばれたことから建設が進められ、95年に完成した。

設計者は同県指宿市出身の髙﨑正治さん（66）。宇宙空間と大地を建築で結ぶデザインを目指したという。「生きた桜島に対峙できる強さと、景観を壊さない繊細さのバランスを大事にした」と話す。

建物は主に、アーモンド形の研修室とドーム形の天体観測室を備えた構造体からなる。これらを下から支える柱がまるで昆虫の脚のように斜めに林立し、今にも動き出しそうな迫力だ。うち3本の柱は研修室を貫き、空に伸び、花を咲かせるような形状。「ロータス」と名付けられたこの柱は、避雷針の役割も担う。

鉄筋コンクリートの打ちっ放し仕上げで、降り積もった桜島の火山灰が複雑なグレーの色調をつくり、奇抜な外観ながら不思議と風景になじんでいる。柱を縫うように設置された通路や広場は秘密基地の趣。「子どもたちはジブリ映画の『ハウルの動く城』みたいだ、って喜びます」と職員の有馬明菜さん（37）。

深夜訪れると、満天の星が目前に迫るような迫力。夜明け近くまで星空を楽しむ人が絶えなかった。

（写真・文　安達麻里子）

DATA
設計：髙﨑正治都市建築設計事務所
階数：地上4階
用途：天文台、コミュニティー施設
完成：1995年7月

本館古《こ》勢《せ》起《き》屋《や》 山形

20年の空白「文化財」で再出発

大正時代の面影を残す、山形県の銀山温泉。
老舗旅館がよみがえるまでの曲折とは？

川の両岸にレトロな旅館が立ち並ぶ。そんな銀山温泉のイメージを体現する築110年の「本館古勢起屋」は、老朽化などのため約20年ほぼ放置されていた。

「広間の向かいが自分の部屋で、宴会のお客さんの声を聞きながら育った」と、小関健太郎社長（40）は住居も兼ねていた本館の思い出を話す。

他県で旅館修業の後、経営を引き継ぐため帰郷。本館の再開を計画した矢先に東日本大震災が起き、中止に。再び動き出したのは2017年頃だった。

「客室数を確保したい」という小関さんの要望を受け、隣の村山市出身の建築家・瀬野和広さん（66）が当初考えたのは、正面の風情を残し

[右頁]夏には引き戸をすべて戸袋に収め、開放的なテラスになる[左]川岸に立つ本館古勢起屋。夕刻になると温泉街にはガス灯がともり「大正ロマン」の雰囲気がただよう

つつ6階建てのビルに建て替える案だった。しかし現場は谷底で、大きな重機を入れるスペースがない。
「銀山温泉のシンボル的建物として残したい」という気持ちもあり、建て替えではなく改修にかじを切った。が、元の建物は傷みが目立つ上、全体が傾いていた。難工事が予想される中、歴史的建造物の修繕経験もある山形市の工務店社長、市村清勝さん(66)が手を挙げた。
もう1つの課題は、周辺が急傾斜地で崩落の危険がある区域に指定されていたこと。残すにはそれなりの裏付けが必要、と「文化財登録」を目指すことになった。文化庁の指導や助言を仰ぎながらの工事は約2年。古材を極力いかしながら進められた。
現代に合わせ大幅に改造した館内で思い入れがあるのは客室の広縁。夏はガラス戸を戸袋に収め、すべて開放できる。改造前は外廊下で、湯上がりの客が川風を受けながらくつろぐのが「温泉街の原風景」だった。

2022年に営業再開。翌年、晴れて国の登録有形文化財となった。「やきもきさせられました」。小関さんの本音が漏れた。

（写真・文　田中沙織）

［右頁］かつて銀産出で栄え、現在は史跡となっている銀坑洞をイメージした風呂［上］大正の建築当初からのものとされる階段も利用［左上］3階の柱には、大正の建設時または昭和の増築時に職人が書いたと思われる筆跡が残る［左下］伝統的な「金輪継ぎ」で、傷んだ部分を新しい材料で補修した1階の柱

DATA
改修設計:瀬野和広+設計アトリエ
階数:地上3階
用途:宿泊施設
完成:2022年

山の上ホテル

東京

作家ら愛用　老朽化で休館へ

多くの作家に愛されたクラシックなホテル。2024年2月から休館すると聞き、改めて歴史を振り返った。

［上］ヴォーリズが好んだという左右対称の外観。休館は「当面の間」、建て替えや改築などの方針は明らかになっていない［下］らせん階段は1段の高さが低めでだれでも上りやすい

［上］作家・池波正太郎の絵も飾られたロビー。池波は自身の世話をする家族を休ませるために1人で泊まりに来ることが多かったという［下］1階にあるバー「ノンノン」はカウンター席のみ

にぎやかな大通りの角を曲がり坂を上る。「山の上ホテル」の入り口付近は平日の昼間というのにスマホやカメラを手にした人であふれていた。

1905年に来日し、各地に印象的な西洋建築を残した米国人建築家ウィリアム・メレル・ヴォーリズが設計した建物は築87年。「老朽化への対応を検討するため」2024年2月13日から休館している。

左右対称、ブロックを積み上げたような塔屋が特徴の建物はアールデコ様式で、ニューヨークの摩天楼を意識しているとも言われている。当初は「佐藤新興生活館」として建てられた。実業家・佐藤慶太郎が私財を投じ、衣食住に関する西洋式の知識や技術を女性たちに教えるため設立した教育施設だ。

戦後、連合国軍総司令部（GHQ）に接収された建物を54年にホテルに生まれ変わらせたのは、国文学者の父が佐藤と親交があった吉田俊男（1913～91）だった。元会社員でホテル経営の経験はない吉田は既存のノウハウに頼らない、独自のもてなしを追求。従業員に日本の名旅館や欧州の一流ホテルを視察させるなどした。

現在顧問を務める中村淳さん（68）が入社間もない頃、フロントで勤務していると、吉田社長から電話がかかってきた。「前にいるお客様はもう30分以上座っているけど、大丈夫なのか」。どこから見ているのか不思議に思うとともに、一声かけることの重要さを学んだという。

吉田はホテルの食にもこだわり、自ら築地の市場に足を運び、すべての料理を毎日味見した。「現場のことも従業員の動きも全部見ている。こんなすごい人にはなかなか出会えない」と中村さんは振り返る。

締め切り間近の作家が部屋にこもって執筆する〝カンヅメ〟も山の上ホテルの風景の一部だった。編集者が催促に訪れると、作家に頼まれて「先生はいらっしゃいません」と答えるのも仕事だった、と中村さんは懐かしんだ。

（写真・文　齊藤梨佳）

DATA
設計：ヴォーリズ建築事務所
階数：地上5階、地下2階、塔屋1階
用途：宿泊施設、レストラン
完成：1937年

Coffee Bricks 東京

［右］地面に近い黒ずんだ部分は、燃料に松ヤニを混ぜて焼成し、つやと耐水性を増した「焼過（やきすぎ）れんが」が使われている［左］2階に荷物を持ち上げるための滑車が残っている

八王子れんが積み上げた歴史

赤茶色のれんがの壁に三角の瓦屋根。建築後の年月を感じさせる建物は、八王子の歴史と深いつながりがあるのだという。

国道16号沿いに立つ「Coffee Bricks」は1918年に米蔵として建てられた。建てたのは店主・塚本勇喜さん（64）の曽祖父。米店を営んでいた。

1段おきに長手（長辺）と小口（短辺）が見えるようにれんがを積む「イギリス積み」。柱とはりで骨組みを組み、れんが壁と柱をボルトで連結した「木骨れんが造り」で、関東大震災でも大きな被害をまぬがれた。

戦後に米店を廃業後は物置として使われていたのを、塚本さんが30歳

[上] 2階の壁。屋内もれんががむき出しになっている [下] Coffee Bricksの店内

で相続した。建造物の博物館に寄贈を申し出たが、「動かすのは難しい」とかなわなかった。レースカーのエンジニアを辞めて地元に帰っていた塚本さんが喫茶店を開くことにした。

割れて雨漏りしていた瓦を取り換え、コンクリートと板で床を30～40センチかさ上げ。重厚感のある銅の扉と通気口は国道側の外壁の装飾とした。改修に約2年かけて1990年にオープンした。

「八王子のれんがの歴史を今に伝える数少ない建物」と、八王子市郷土資料館学芸員の中村明美さん（59）は話す。

八王子にれんが工場ができたのは1897年。生糸や織物の流通拠点だった八王子には1889年に新宿との間に鉄道が開通。さらに甲府経由で名古屋まで結ぶ官設鉄道（現在のJR中央線）の建設計画が動き出した。

鉄道のホームやトンネル、橋台に使われる需要を見込んで、地元資本で設立されたのが八王子煉瓦《れんが》製造だった。その後関東煉瓦、大阪窯《よう》業《ぎょう》と社名を変え、1934年に閉鎖されるまで37年間に製造されたれんがは鉄道のほか学校の門柱や甲州街道の舗道にも使われた。

Coffee Bricksのれんがも大阪窯業時代のものとみられる。「蔵にれんがを使うって、建主の心意気というか、見てほしいという気持ちを感じますね」と中村さん。塚本さんは「接客業は意外と大変」というが、「ここまでやったら子どもみたいなもの」と蔵を守っていくつもりだ。

（写真・文 田中沙織）

DATA
設計:不明
構造:地上2階
用途:カフェ（旧米蔵）
完成:1918年

[右] 照明に照らされた夜もおすすめ [上] 自家焙煎のコーヒー。カップにもこだわっている

西本願寺を見学した観光客らがよく訪れるという。建物の中には入れないが、外観の撮影は可能

龍谷大学 大宮本館

京都

〝攻め〟の西洋式 宮大工ら実現

僧侶が学ぶ学寮を起源とする龍谷大学。京都駅に近い大宮キャンパスの建物が洋風に見えるのはなぜ？

浄土真宗本願寺派の本山、西本願寺に隣接する大宮キャンパスには白壁、アーチ形の窓、正面のバルコニーが印象的な本館を中心に校舎や旧守衛所など明治初期の建築が残る。いずれも国の重要文化財だ。

完成は1879（明治12）年。「鹿鳴館が建てられる4年も前と考えると、非常に興味深いです」と、龍谷大教授で文化遺産学が専門の北野信彦さん（64）は話す。

石造りのように見えるが、実は木に石を貼り付けた「木造石貼り」、屋根は瓦でふいている。浄土真宗の寺の造りに合わせ、西側に窓がない。

内部の壁は柱をしっくいで塗り込めた西洋式。柱頭に西洋建築に特徴的なアカンサスのデザインをまねたような彫刻がある一方、菊や雲など日本的なモチーフも室内装飾に多用されている。100畳の2階講堂の窓がやや低いのは、正座で学ぶ場だったため。

　あちこちに「日本」が顔をのぞかせる「擬洋風建築」だが、「設計や施工に西洋人がかかわった記録がない割に、西洋の技術がかなり入っているのが不思議」と北野さん。当時建設にかかわった京都の宮大工らが「神戸居留地に西洋建築を見学に行き、学んだのではと言われています」。中にはその後、迎賓館赤坂離宮などを手がけた建築家・片山東熊に評価され、建築史に名を残した者もいた。

講堂では朝の勤行や法要が行われるほか、仏前結婚式に使われることもある

　明治の初め、天皇が東京へ移り喪失感を味わった京都。加えて寺院は廃仏毀釈《きしゃく》の流れにさらされた。この時代、20歳代で西本願寺法主を継いだ大谷光尊は若手僧侶をヨーロッパに派遣して宗教文化や教育制度を学ばせ、宗門の近代化に努めた。
　「〝攻め〟の意識で西洋文化を採り入れた点で価値がある」と北野さん。実は本館は明治天皇行幸の休憩所とするため、建築途中で大幅な設計変更を行ったことがわかっている。新しい時代への意気込みは天皇にも伝わっただろうか。
（写真・文　田中沙織）

卍(まんじ)模様をアレンジしたデザインの通気口

DATA
設計:不明
階数:地上2階
用途:講堂、貴賓室など
完成:1879年

左右の端に設ける予定だった階段は明治天皇を2階貴賓室に迎えるため中央に変更された。1階は土足だが2階には靴を脱いで上がる

合宿所 yutorie《ユトリエ》　静岡

祖父の元別荘 モルタル詰め?!

やや古そうな一見普通の民家。
しかし下のほうが、まるで深みにはまり込んだよう。
どうしてこうなった？

宿泊は6人まで。朝食、2日分の昼食つき1泊19万8千円。「日本空間デザイン賞2022」金賞を受賞　（鬼室黎撮影）

草木の茂る急勾配の坂道の途中、傾斜地に「合宿所 yutorie」はある。下部がすっぽり箱形の土台に埋まり、ひさしとの間隔はわずか。地面から約1・5メートルの高さまでモルタル壁でがっちり固めて、強度を高めるためだろうか？

　オーナーで自らこのアイデアを出した空間デザイナーの近藤尚さんに聞くと、機能面の意味は特にないという。「一見無駄だが、そうした部分が人を刺激し、創造性につながると思いました」

　家はもともと、妻・鈴木夢乃さんの祖父が別荘としていた。温泉をひいた風呂につかりながら趣味の油絵を描く場所だったが、祖父が高齢になってからは空き家状態に。維持管理のためにも2人が新しい使い方を考え始めた。

　鈴木さんもアート、デザイン関係の仕事に携わる。「祖父がアトリエとして使っていたことを踏襲して、ものづくりをする人たちが過ごせ

[右] 作業棟の室内。近藤さんがデザインした家具や、以前からの調度品が並ぶ [左上] 温泉がひかれた風呂 [左下] 宿泊棟1階には寝室2部屋が並ぶ

る場所にしたい」と考え、クリエーターをはじめ企業の合宿、研修に使う施設を念頭に、主に内装を更新した。名前は「湯のあるアトリエ」からつけた。

モルタルに埋まった平屋は、会議室を中心にキッチンもある作業棟。同じ敷地に2階建ての家もあり、こちらは客室3室の宿泊棟とした。利用は2棟まるごと貸し切り制。宿泊棟には鈴木さんの母裕美子さんが切り盛りする薬膳喫茶を併設、宿泊者以外にも開放されている。

計画を始めた時、近藤さんと鈴木さんは東京に住んでいたが、熱海で官民共同のまちづくりプロジェクトを知って参加。毎週のように熱海に通ううちに知り合いも増えた。コロナ禍の影響もあってオープンと同時に熱海に移住、「仕事も生活もスムーズ」となじんでいる。

午前11時から翌日午後5時まで滞在の30時間制。「集中できるし、くつろげる。緩急の中でアイデアが生まれる空間になれば」と鈴木さんは期待している。

（写真・文　伊東哉子）

[上]宿泊棟2階の薬膳喫茶 [下]作業棟の寝室の壁には別荘時代の落書きが残っている

DATA
設計:近藤尚、株式会社ユトリエ
階数:作業棟　地上1階／宿泊棟　地上2階
用途:宿泊施設、カフェ
完成:2022年

旧西里《にしざと》小学校

熊本

特産杉の宇宙船 新たなステップ

町の中心部から車で20分の山間地。プラネタリウムのようなドームを備えた型破りな旧小学校の現在は。

九州のほぼ中央に位置する熊本県小国町は7割以上が森林に覆われる。1986年、当時町長だった宮崎暢俊さん(82)が特産の「小国杉」による地域活性化「悠木の里づくり」を構想。当時国内最大級の木造建築「小国ドーム」など15を超える個性的な建物が造られた。

多い時で全校児童30人足らずだった「旧西里小学校」もその1つ。中央の多目的ホールは直径14メー

[下]ドームの外装の銅板は年月を経て緑青に覆われ、山の景色と調和する。教室棟の屋根は特注のフランス瓦ぶき
[左]バッハやベートーベンの肖像画や本棚が設置されたまま。音楽室兼図書館として使われていた痕跡が今も残る

トル、三角形60面が構成する球体。その周りをそれぞれ独立した3つの教室、家庭科室、音楽室、理科・図工室などが取り囲む。

ホールと教室は廊下でつながり、ぐるっと一周できる。設計した建築家（当時熊本大学工学部教授）の故木島安史さんは「山村の子どもたちに、自分が宇宙の中心だと感じてほしい」と述べたというが、ドームを中心に腕を伸ばしたような配置はまさに宇宙船のようだ。

小学校は2009年、統廃合によって閉校になった。活用法について模索が続いていたが22年、ESD（持続可能な開発のための教育）や交流・創造のための拠点を目ざす「NISHIZATO TERAS」プロジェクトが町を中心に動き出した。

教室棟をサテライトオフィスに活用、多目的ホールをESDの場としてイベントなどを企画する計画だ。中でも元家庭科室を、本格的なキッチンが備わった空間へリノベーションする作業は、住民も巻き込んで進行中。町内で集めた古材を活用したカウンター設置、寄せ木細工のテーブルやトレーの製作には町内外からボランティアが参加した。

町政策課SDGs推進係長の池部誠一朗さん（35）は「大きな改築などは行われておらず、デザインも含め30年以上大切に使われてきた。次の世代へつなげられるかたちで、活用していくことが必要」と話す。

（写真・文 片野美羽）

［上］ドームと教室の間の廊下。学校だった頃は児童たちの遊び場だった［下］太陽光が差し込む暖かな色調の元家庭科室。ジビエ料理や郷土料理など、様々な料理イベントを開催している

DATA
設計：木島安史＋YAS都市研究所、計画・環境建築
階数：地下1階、地上2階
用途：小学校
完成：1991年

デジタルのプロジェクターは福井、一部のシートは静岡の映画館から譲り受けた。上映の合間に館内を見学できる

高田世界館　新潟

創業112年 不遇の時代が幸い

高田駅から雁木の続く通りを徒歩で約6分、「高田世界館」は1911年に芝居小屋として開業した。陸軍の師団司令部が置かれ、街が活気を帯びていた頃だ。

白い壁にアーチ形の窓、曲線と直線が軽快で優美なパラペット(屋根の周りの腰壁)。1、2階合わせて約180席。旧高田藩主の家紋を中央に配した板張りの天井や、2階席の周囲にぐるりと回した木製手すりが目をひく。完成当時は「ルネサンス式白亜の大劇場」と報じられた。

「世界館」は5年後に映画館になった時の名前で、その後「高田東宝映画劇場」「松竹館」「高田大映」などと名称が変わった。

2014年から支配人を務める上野迪音さん(35)は、「歴史の表舞台に立たなかった時代が長かった」と話す。

そのきっかけになったのが、1970年代に成人映画館になったことだ。「子どもは近寄っちゃい

［上］2階席からの眺め［中］左手が入り口。正面15メートル、奥行き23メートル［下］旧切符売り場付近にはレトロな看板が。映画ポスター、当日のスケジュールもここに掲示されている

豪雪をしのぐための雁木が残る街に、国内最古級の映画館があるという。いったいどんな建物？

けないような場所になった」。しかし一方で「固定的な需要はあり、そのお陰で取り壊されず映画館のまま残ったのでは」。昭和の全盛期、高田地区には映画館が7つあったが、現在残るのは世界館だけだ。

2007年まで営業したが、中越沖地震の影響もあって、取り壊しが検討された。市民の有志や映画ファンらの保存活動が始まり、NPO法人が所有者から無償で譲り受けた。市の補助金や募金で屋根や内装を修繕、11年には国の有形文化財に登録された。

地元出身で、大学・大学院で映画と映画評論を学んだ上野さんは、常勤職員を探していたNPO法人の誘いでUターンした。不定期だった上映を、着任後は週6日、毎日4、5回に。昔ながらの映写機を使ったフィルム上映会や観客参加型の「マサラ上映」などで、関東などから訪れるリピーターもついた。「多くの人に足を運んでもらうために、元芝居小屋という建築をいかしたイベントもやりたい」と知恵を絞っている。

（写真・文　島貫柚子）

DATA
設計：野口孝博
階数：地上2階
用途：映画館
完成：1911年

以前は左手の切符売り場から雁木を通って右手の世界館へ入った

梅郷礼拝堂《うめさと》 千葉

支え合う「玉すだれ」柱も人も

幾何学的な屋根がSFみたいな建物は、
内部の構造も不思議な形をしていた。

［右頁］ガラス張りの堂内では木材が存在感を放つ［上］互いに支え合う玉すだれのような柱。正面のガラスの向こうは水盤［左］堂内の天井

約200平方メートル、周囲がガラス張りの堂内に入ると、恐竜の骨格標本のような柱が立ち並ぶ光景に目を奪われる。天井の垂木や軒げたも木がふんだんに使われ、完成後7年が経った今もヒノキの香りが鼻をくすぐる。

千葉県北西部、野田市郊外の「梅郷礼拝堂」は、古い墓地の再整備を機に建てられた。霊園を開発、管理運営する笹川詩門さん(36)らは、雑草が茂り近寄りがたかった墓地の雰囲気を一新し「訪れるたびに愛着が増すような空間」にしたいと考えた。

欧州の霊園も見学し、生け垣やれんがの仕切り壁で区画。その中にたたずむ礼拝堂は屋根のカーブが美しい、上から見ると3枚羽根のプロペラのようなユニークな形だ。オブジェのようだが、設計した加藤詞史さん(59)は「形を優先してデザインしたのではない」という。

内部の柱の1本1本はよく見ると細い。加藤さんが「南京玉すだれ」

と説明する、105ミリ角の製材を十数本ずつ大道芸の道具のように組み合わせたものだ。弓なりの「玉すだれ」を3方向から互いにもたれ合うようにかけ渡すと、自立してドーム状の屋根を支える構造となる。

巨木や銘木ではない普通の製材を使った柱にはポツポツと黒っぽい節も残る。「どこにでもある材料を通して、木を身近に感じてほしい」と加藤さん。全体がユニークな形になったのも、細い材木を集めて使う工夫の結果だ。

全体で18組ある「玉すだれ」は、寸法や角度の違いで6種類ある。施工した工務店からは当初「どうやって作るかよくわからない」と"悲鳴"が上がったが、コンピューター使用に慣れた若手技術者が加わってクリアした。

縦横斜めに伸びるたくさんの柱。「個人個人が集まって、力を合わせるイメージに重なりませんか」

（写真・文　島貫柚子）

（加藤詞史撮影）

［右頁］緩やかな曲線を描く銅板一文字ぶきの屋根［上］園内の生け垣［下］屋根は「1枚の紙を折り曲げて作れる形」という

DATA
設計:加藤建築設計事務所
階数:地上1階
用途:寺院
完成:2016年

改修されたアーチ型の天井。高さ約13メートルのパイプオルガンは1988年に設置された

聖路加《せいるか》国際大学聖ルカ礼拝堂 東京

元帥も通ったチャペル 改修完了

かつて築地居留地と呼ばれ、
文明開化の痕跡が残る
東京都中央区明石町。
中でも目をひく
十字架の塔の礼拝堂が
5年ぶりによみがえった。

アーチ形の高い天井、ステンドグラスから祭壇へ青い光が差し込む。聖路加国際病院旧館の「聖ルカ礼拝堂」が完成したのは、1936年11月。当時は珍しかった鉄骨鉄筋コンクリート造り7階建ての病院の建物の中心に位置していた。

病棟の各階から礼拝堂のバルコニー席に出ることができ、入院中の患者も礼拝に参加できるようになっていた。病院を設立したトイスラー博士の意向を反映した斬新な構造だ。

礼拝堂と旧館は45年3月の東京大空襲を無傷で生きのびた。同病院のチャプレン（聖職者）、上田憲明さんは「米軍は日本を占領後、同病院を米国陸軍病院として利用しようと計画し、空爆を避けたのではないかと言われている」と明かす。

実際、終戦から56年までの11年間は米陸軍第42病院となり、星条旗が掲げられた。日曜礼拝には連合国軍最高司令官マッカーサー元帥も夫人や息子とともに参列、会衆席の最前列に座ったという。返還まで聖路加国際病院は近くの都立病院を借り、診療を続けた。

患者や家族、医療従事者をはじめ多くの人の祈りの場となってきた礼拝堂だが、2018年6月、天井に使われた抗火石のかけらが落下、安全確認のため閉鎖された。東京都の歴史的建造物にも指定された建物本体に問題はなかったが、天井は改修が必要と判断された。

改修工事は約80年前の建築時も施工した清水建設が担当。天井の抗火石は一部を残して石膏《せっこう》ボードに変わったが、塗装により当初の色に近づけ、アーチの曲線が美しい造形は保たれた。

工事完了記念の礼拝が2024年4月28日に行われ、一般の入場はできないが、公式YouTubeでライブ配信された。

(写真・文　森下香枝)

日本には少ない近代ゴシック様式の聖ルカ礼拝堂。十字架の塔からは1日3回聖歌が流れる

DATA
設計:ジョン・V・W・バーガミニほか
階数:地下1階、地上7階、塔屋3階
用途:礼拝堂、病院
完成:1936年

階段状ピラミッド　心と向き合う

赤茶色の箱を積み上げたような、
オフィスビルと見違えるような建物。
お寺の境内になぜこの形？

岡崎市内にはほかに２つ同名の寺があるので来訪の際は「井ノ口町の西光寺を目指して」

西光寺本堂《さいこうじほんどう》

愛知

鉄サビ色の、角張ったピラミッド。愛知県岡崎市の住宅街に立つ「浄土真宗本願寺派西光寺」を訪ねると、異色の本堂に迎えられる。「初めて来られた方の多くが、ここがお寺か？と驚かれます」と、同寺分院（同県豊田市）住職で本堂建設に中心となって関わった大久保善慧さん（77）がほほ笑む。

「仏教の原点に戻り、『どう生きるか』を考える場にしたい」と考えた大久保さんが設計を依頼したのは、豊田市出身の建築家・吉村英孝さん（48）。まだ20代だったが、大久保さんの息子と高校時代の同級生という縁があった。

2人を中心に、これからの寺のあり方を3年がかりで話し合った。「遺跡のイメージはどうか」といったアイデアを含め、様々な構想が浮か

［上］2017年の改装で窓に木製の板を設置。さらに温かい雰囲気に［下］スロープの入り口

んだ。最終的に「シンプルな形に集約した」と吉村さん。設計図を見た大久保さんは「最初は驚いたが、イメージとぴったりだった」

インドネシアの仏教遺跡ボロブドゥールのピラミッド状の建造物を参考にしたが、本堂を中心に回廊が取り巻く日本の寺社建築のイメージも重ねた。集会場などとして残す旧本堂や鐘突堂、庭などの位置は変更しないという制約の中で、存在感を約10メートルの高さで出した。

外壁は、特殊なサビで内部を保護する「コールテン鋼」を用い、約30のパーツを現地で溶接した。オレンジ色だった外壁は年月を経て落ち着いた赤茶色に変化している。

堂内に入ると天井は外観と同じく階段状に高くなり、視線をさえぎる柱もない大空間が広がる。

寺院としての荘厳さを保ちつつ、様々な用途に対応できるよう考えられたこの本堂で、大久保さんは新たな試みを始めた。仏教入門講座、参加者が自らの心と向き合う「話し合い法座」など、宗派を問わない集いの場は10年以上続いている。

（写真・文　木谷恵吏）

［上］近年は仏事や勉強会のオンライン配信も行う［右］縦長の窓がリズミカルに並ぶ

DATA
設計：吉村英孝、SUPER-OS
階数：地上1階
用途：仏事、勉強会など
完成：2005年

念誓寺《ねんせいじ》 和歌山

研究者の前住職「簡素な寺に」

白い壁にリズミカルなストライプ。
シンプル・モダンなこの建物がお寺？

［上］境内入り口から裏口を見通す。本堂棟の前後には帯状の水盤があり、地窓から光を採り入れる［右上］本尊の阿弥陀仏を安置する本堂ではコンサートを開くこともある［左上］水盤の反射光は本堂の地窓を通して内部へ［左下］壁に埋め込まれた瓦には京都・西本願寺の「下がり藤」紋

天窓からの光が本尊の阿弥陀仏を幻想的に照らす

和歌山市中心部の住宅街にある「浄土真宗本願寺派念誓寺」は室町時代の開基。1945年の空襲で焼失し、戦後再建された本堂は物資の乏しい中での仮建築で、その建て直しが前住職・岡亮二さん（2007年に73歳で死去）の念願だった。

岡さんは、きらびやかな装飾が多い一般的な真宗寺院とは異なる建築を望んだ。「もっと簡素に、もっと簡素に、というのが父の意向でした」。父の跡を継いで住職を務める岡京子さんは話す。

門徒が車座になって念仏を称《とな》え、親鸞聖人の教えを聞く。元龍谷大学教授で浄土真宗の根本聖典「教行信証」に関する著書もある亮二さんは、そんな信仰の場の原風景をイメージしたのかもしれない、と京子さん。

設計は教え子の紹介で相田武文さん（86）に依頼した。亮二さんの意向を聞き取った相田さんが示した建物の構想に、京子さんは「まさかビルになるとは……と私も檀家《だんか》さんも最初は戸惑いました」と振り返る。

亮二さんは檀家の代表を伴って、洋風を採り入れた仏教関係の建築などを見学に行くなど説得を重ねた。「大学で若い人に接する機会も多かったので、若い人になじんでもらわなければと考えたのでしょう」

境内入り口から正面に本堂棟が立つ。高さ10メートル近い白壁に、軒瓦をストライプ状に埋め込んだ。四角く切り取られた部分は右手に本堂、左手に手洗い所があるホール。この空間を貫いて、視線は裏口まで一直線。相田さんは「見通した先に木が見える風景が美しいと思った」と、正面に大きなタイサンボクを植えた。

土足で上がれる本堂内部は天井と壁を木製のルーバーで覆い、温かみを出した。靴を脱いで座れるよう、座面が広い椅子も相田さんが設計した。

ネットで見た海外からの見学者もいるという。京子さんは「建物に興味を持った方が、仏教や浄土真宗にも触れてもらえるような仕掛けを考えていきたいです」と話す。

（写真・文　中山幸穂）

DATA
設計：相田武文設計研究所
（現相田土居設計）
階数：本堂　地上1階、地下1階／
庫裏（集会所）　地上2階
用途：寺院本堂・庫裏（集会所）
完成：2001年

川崎大師平間寺《へいけんじ》薬師殿（旧自動車交通安全祈祷殿）

神奈川

社寺建築に注いだ深い思い

白いドーム形の屋根が、青空に映える。昔ながらの住宅地を歩いていて、思わず二度見してしまうあれは何？

川崎大師境内の南端で異彩を放つ薬師殿は、建築史家で長年にわたり古社寺保存に携わった大岡實さん（1900〜87）が設計した。

伝統建築を愛した大岡さんは戦争中から奈良・法隆寺の防火対策や学術調査に尽力した。しかし49年、国宝保存工事事務所長の時に金堂で火災が発生。責任の有無を問われて休職した後、社寺設計を始め、生涯に100棟以上を手がけた。文化財を

約半世紀経った今も白い壁が美しく手入れされている。川崎大師のほぼすべての建物が大岡さんの設計

内部は日本の伝統とインド式の融合も見られる

失った不幸な経験から、火災に強い鉄筋コンクリートでの建築を進めた。

川崎大師から設計を依頼された当初は自動車交通安全祈祷殿として。大本堂などとは違う「何か変わった建築を」という依頼に、インド建築の研究成果をいかして提案した。

大本堂に安置された三像をヒントに3つの塔を造ることにした。3塔のバランスに苦心し、何度も設計図を描き直したという。完成間近の頃、塔の先端の大法輪に光が当たるのを見た人から、「すばらしい」と歓喜の声が上がったと、川崎大師の記録に残る。

知的で穏やかだけれど、建築美への思いは激しかった――大岡さんについて、川崎大師のほかの現場でともに仕事をした大林組元社員・早川孝夫さん（84）らは口をそろえる。現場でもベニヤ板に描いた原寸図に「ミリ単位で修正をかけていた」という。

約35年後、1キロほど離れた場所に2倍の大きさで新祈祷殿が建てられ、旧殿は薬師殿となった。休日には目の前の芝生で親子連れがくつろぐ憩いの場所になっている。

（写真　郭允／文　栗原琴江）

DATA
設計：大岡實
階数：地上2階
用途：寺院
完成：1970年11月

[上] 日没後はライトアップされ、金土日は三日月のモチーフも浮かび上がる [左] 3階礼拝室。祈りの声が聞こえるよう、柵の内側には約1.5メートル四方の穴があり1階とつながっている

神戸ムスリムモスク　兵庫

颯爽たる姿 設計者は東欧出身

神戸市中心部、明治時代から開けた一角に威風堂々の門構え。
戦災も震災もくぐり抜けたイスラム寺院はどんなところ?

[上]メッカの方角を示すミフラーブ。右側の電子掲示板にその日のお祈りの時間が示されている［下]3階の囲いから下をのぞくと、1階のミフラーブが見える

タマネギ形のドーム、亀甲柄の欄干に囲まれ三日月をいただく2本の塔。内部は太く白い梁と柱の曲線が目をひく。金色の装飾で縁取られたミフラーブ（メッカの方向を示すくぼみ）、高い天井から輝くシャンデリアも印象的だ。

日本初の本格的モスクとして信徒らの寄付で建てられた「神戸ムスリムモスク」を設計したのは現在のチェコ出身のヤン・ヨセフ・スワガー（1885〜1969）。神戸ムスリムモスクに関する著書がある兵庫県立大学環境人間学部の宇高雄志教授は「世界各地を渡り歩きながら、日本でも多くの名作を設計した人物」という。

母国で土木工学を学んだスワガーはロシア革命後に渡った中国で、同郷で旧帝国ホテル建設に助手として携わったアントニン・レーモンドに出会い、1923年に来日。レーモンドの事務所で働いた後、横浜に事務所を構えた。

その後約10年でカトリック山手教会（横浜市）、カトリック豊中教会（大阪府）など宗教施設を多く手がけた。太平洋戦争前夜の41年頃日本を離れ、南米へ。晩年は神学を学び、84歳でアルゼンチンで死去した。

神戸ムスリムモスクの設計図は当初、施工した竹中工務店が作成したが、設計チームに招き入れられたスワガーが手直ししたと思われる。地階の礼拝室を追加、階段の位置、窓や塔のデザインなどを修正、柱と梁はより太く多くなった。宇高さんは「施主の求める空間を自在に、堅牢に作り出すことができた」と腕の確かな建築家像を描く。

特徴的な銅板ぶきドームも当初の図面にはなかった。全体が鉄筋コンクリート造りなのにドームだけ木造なのは、コストや工期を抑えるためと推測される。パキスタン出身で80年に神戸に来たモスクの特別顧問・相談役の新井アハサンさんは、「素晴らしい選択だった。形が美しく、雨漏りもしない」と称賛する。

約90年前、「国際港都にふさわしい颯爽たる姿」と地元新聞が完成を報じた神戸ムスリムモスクは、空襲も大震災も生き延びた。各地にモスクができた現在も、重要とされる金曜礼拝には約400人が訪れるという。

（写真・文　千葉菜々）

DATA
設計：ヤン・ヨセフ・スワガー、竹中工務店
階数：地上3階、地下1階
用途：礼拝所
完成：1935年

終日点灯している内部の照明が、全景を池の水面に映し出す

白い教会

大阪

永遠に連なる 無数のリング

大阪湾に臨む「グランドプリンスホテル大阪ベイ」(取材時は「ハイアットリージェンシー大阪」)。敷地内の池のほとりに、白いいびつな六角形のチャペルが立つ。ガラス張りの室内は、オーガンディのカーテン越しにやわらかな光が満ちる。池に面した壁一面にはいくつもの白いリング。向かいの壁の下部に張られた鏡にもぼんやり映る。カーテンに織り込まれた環状の模様も重なり、白い光の中で無数の円に囲まれているようだ。

設計は、建築家の青木淳さん(64)。来月、通称「京都市京セラ美術館」として開館予定の京都市美術館の改修も担当、館長にも就任した。本作では、原初的な祈りの空間をイメージし、永遠を意味する円環を重ねて「空気でできた洞窟」を造ったという。鉄製の円をピラミッド状に溶接して上下左右に重ね、柱と変わらぬ強度を生み出した。通常建物を支える構造体は表に出さないが、円環の骨組みはあえて見せている。むき幾重にも連なった白いリングが床から天井までを埋め尽くす教会。
飾り？それとも何か意味がある？

結婚式では、空間に合わせて置いたハープと池の流水音が共鳴するという

出しの鉄骨の硬質感を和らげるため、特注のカーテンをかけ、霧にかすむ岩に見立てた。「以前から霧が固まったような建物を造りたくて試行錯誤していました」と青木さん。本作で機が熟し、神社に霧が立ちこめるような世界観を表現できたという。

ホテルでは、この建物を「エタニティ（永遠）」と呼んでいる。婚礼担当の山岡功治さん（44）は、ここで式を挙げた何人もの新郎が入場直後に涙した姿を見たという。「温かい雰囲気に緊張がほどけるんでしょうね。重なったリングが屋根を支える。結婚を象徴する建物です」とほほえんだ。

（写真・文 山田愛）

DATA
設計：青木淳建築計画事務所、
アトリエ・ジーアンドビー、
大林組
階数：地上1階
用途：結婚式場
完成：2006年4月

新島学園短期大学講堂 群馬

壁一面透かし彫り「エデンの園」

3面の壁全体が透かし彫りで覆われた講堂。
この発想はどこから？

［下］森の中にいるような講堂。併せて作られた椅子や机はキリ製［左］室内が暗い時は、透かし彫りが切り絵のように見える

現在の同志社大学などを創設した新島襄ゆかりの地にあり、キリスト教精神に基づく人格教育を理念とする新島学園短期大学。古い木造校舎を建て替えた新木造校舎の2階に、その空間はある。

広さ25×16メートル、天井高9メートル。東、南、西の3方の壁全体が細かい模様の透かし彫りで覆われている。近寄って見ると、木製パネルにくりぬかれた不規則な小さな図形がピクセルアートのようだ。

設計した建築家・手塚貴晴さん（60）と由比さん（55）、矢部啓嗣さん（37）は、学園が2017年、30

年後の100周年に向けて掲げたビジョン「森を育てる。」から旧約聖書に記された「エデンの園」を連想したという。最初の人間、アダムとイブは禁じられていた知恵の木の実を食べたために追放された。

「追放は悲劇ですが、人の文明の始まりでもある。学生たちが学びの園から知恵を得て巣立っていく物語を重ねた」と貴晴さんは話す。

建築を総合芸術と位置づける貴晴さんは、学園の森のストーリーを自ら描くと決めた。脳裏に浮かんだ空想の情景で、木々に紛れて花や魚などたくさんの生き物が描き込まれている。6ミリ角のマス目を単位とし、3面合わせて幅56メートルの大画面に描くのに6カ月かけた。

講堂を2メートル間隔で囲む柱の列は、2メートル内側にもう1列立ち並ぶ。2列の柱ははしご状に連結され、地震の振動を受け止めて吸収する。「森の木々も、やわらかく揺れながら風を受け流していますよ

[右頁]ガラス張りの新木造校舎の2階が講堂
[上]透かし彫りの影が床に映る

ね」。透かし彫りした計252枚の合板には、音響効果を考慮して3～5度の傾きをつけた。

講堂は創立記念行事などに使われるほか、学生たちには常時開放され、思い思いに過ごせる場となっている。学園理事長の湯浅康毅さんは「学生が非常に落ち着く場となっているようです」と話す。部外者の見学も受け入れており「何度訪れても新鮮、とおっしゃる方もいます」

(写真・文 中山幸穂)

DATA
設計:手塚建築研究所
階数:地上2階
用途:講堂
完成:2020年

宇都宮大学オプティクス教育研究センター

栃木

風が鳴らす光のシンフォニー

「宇都宮大学オプティクス教育研究センター」の壁面は絶え間なく表情を変える。95ミリ四方のステンレスプレート3万枚が風に揺れ、水面に波紋が広がるように、鳥の群れが飛び立つように。

日本で唯一、光学技術に特化した教育研究施設。「海外の施設に見られるような、シンボリックな建物を」という大学側の希望に、建築家の山本理顕さん(75)が応えた。

「光の研究所にふさわしく、風によって光が反射する建物にしたかった」と山本さん。中古車販売店で目にしていた、横一列にはためく連続

旗の装飾を思い出した。壁面から14センチほど離して縦横に張ったワイヤの横軸に、軽量なステンレスプレートの上辺のみをひっかけ、市松模様に配置。「想像以上に面白いものができた」と振り返る。

「この装飾はまさに光学」と感心する同センターの早崎芳夫教授（54）は、学会での発表を建物のスライド映写から始める。「縦17×横32メートルの、恐らく世界最大の空間光《ひかり》変調器だと冗談交じりに紹介すると、国内外の研究者にすごくうける」と笑う。光の変調とは、専門用語で光の調子を変えること。施設を知ってもらえるのはもちろん、自身の研究内容を説明する導入として、最適なのだという。

「動力は電気ではなくクリーンなそよ風」という早崎教授の話を思い返しつつ、再び壁面を眺めた。プレートたちがかすかに、硬質な音を立てた。

（写真・文　中村さやか）

光学の研究施設に求められた、象徴的な外観。いったいどのように「光」を表現した？

エントランスの内部から見た壁面装飾

鏡面仕上げが施されたステンレスプレートは、桜や新緑など、キャンパスの四季を映し込む

DATA
設計:山本理顕設計工場
階数:地上4階
用途:大学
完成:2009年10月

「プラネット」は3基が定員16人、2基が同24人

成蹊大学情報図書館　東京

学生が集い　しゃべれる宇宙

図書館の外からガラス越しに見える球状や楕円球状の物体。アトラクションのようなアレはいったい何？

「プラネット（惑星）を設置した日は思い出深いです」と三菱地所設計の佐藤琢也さん（45）は語る。「成蹊大学情報図書館」の中央部、約30メートル四方のガラス張りの吹き抜けに浮かぶように見える、キノコのような形のグループ閲覧室のことだ。

吹き抜けの両側は5階建ての書架スペース。まず書架部分を造り、その間に立てた柱の上に閲覧室を設置。その後で書架棟から書架棟へ屋根を架けるという工程だった。

その日、佐藤さんは朝早くから書架棟の屋上で見守った。キノコの笠に当たる部分はガラス製。地上で組み立てたものをクレーンでつり上げ、大勢の作業員にロープで引かれながらそっと柱の上に。全5基の取り付けが終わった瞬間、固唾をのんで見つめていた関係者らから自然と大きな拍手と歓声が起きたという。

設計は、国際的建築家の坂茂さん（62）を中心に進めた。小学校から高校まで成蹊学園に通った坂さんの側から申し出た。目指したのは「しゃべれる図書館」だ。「机をシェアしているのに議論ができない。飲食や会話もできないという不便を変えたかった」。館内を目的別に分け、中央は学生が集える居心地のよい場にしようと考えた。

ゼミや勉強会に使われるプラネットには、3〜5階の渡り廊下から入る。建物周囲にある枝葉を広げたケヤキのイメージが、試行錯誤の中で丸い形になったという。図書館の内外を見渡せる開放感が心地よいが、逆に周りから見られていると思うと身が引き締まりそうだ。

（写真　家老芳美／文　牧野祥）

DATA
設計：坂茂建築設計、
三菱地所設計
階数：地上5階、地下2階、
塔屋1階
用途：大学図書館
完成：2006年6月

武蔵野市を含む近隣6市区の住民は申請が通れば、館内での資料閲覧のみ有料で利用できる

神奈川工科大学 KAIT広場 神奈川

キャンパスの異世界 憩いの場に

足を踏み入れると、
異世界へ迷い込んだかのよう。
大学に現れた
白く平べったい建物の正体は？

3月末、天井の開口部からは桜の花びらが舞い込んでいた

入り口は3つの側面に1カ所ずつ。奥に行くほど光が入りやすいように天井の開口部が配置されている

中に入ると、床も天井も白一色、壁や仕切りはもちろん柱もはりもない。天井に何カ所もあいた四角い穴からの光が、床面に巨大な抽象画を描く。低く傾斜していく奥のほうは地平線のようにも見えて、建物がどこまでも続く錯覚を覚える。

約4100平方メートル、テニスコート16面分の多目的広場を設計した石上純也さん(47)がイメージしたのは伊シエナのカンポ広場だ。扇形の要に向かってゆるく勾配がつき、人々は地面に座ったり寝転んだりして思い思いの時間を過ごしている。

神奈川工科大の別の施設も手がけ、キャンパスの様子を知っていた石上さんは「大勢でも1人でも、学生たちが授業の合間にのんびりと過ごせる空間を造りたかった」と語る。

大空間でありながら天井高は2・4メートルと普通の家ぐらいなのは、そこで落ち着けるよう「人間のスケールに合わせた」からだ。天井に59カ所設けた1・8〜3メートル角の開口部からは風も雨も入り、季節や空を肌で感じる。雨水は透水性アスファルトの床の下を流れ地下タンクにたまる。

苦心したのは巨大な屋根の溶接だ。どうやって計270枚の鉄板をゆがみなく、なめらかに接合するか。施工した鹿島建設が採用したのは、人より作業が速く一定で精度が高いロボット溶接だった。ロボットである程度の大きさにつないだ鉄板を仮支柱の上に載せ、最後は人の手でつなぎ合わせた。

2021年4月、学内向けに限定オープン。その後は学内のイベント、ソーラーカーの展示やロボットコンテストなどにも使われる予定だ。情報学部3年の片桐直也さんは、「昼休みなどで一息つける場所として利用したい」と語った。

（写真・文　高田倫子）

DATA
設計:石上純也建築設計事務所
階数:地上1階
用途:多目的広場
完成:2020年

川上村立川上中学校

長野

村の原風景　子どもたちに伝える

［上］「美林」が迎えるエントランスホール。奥の階段は2005年の愛・地球博カナダ館の階段を再利用した［下］山並みを背景にした管理棟。左側には全校生徒が集まれる大空間のランチルームがある。5棟のうち一部は鉄筋コンクリート造りとの混構造

人口約4500、高原野菜で知られる長野県川上村。唯一の中学校の建物には、地域の文化継承への思いが込められているというのだが。

長野県東部、村域全体が標高1千メートルを超える川上村。八ケ岳も近い川上中学校（生徒数86人）を訪れると、エントランスの「美林」が迎えてくれる。高さ8メートルの列柱は、村の森林の6割を占め村の原風景ともいえるカラマツ林から着想した。

レタス産地として有名な村だが、江戸時代以来の植林で、長く林業が主産業だった。その歴史を次世代に伝えるため、校舎改築にあたっては地元産の木材をふんだんに使うことにした。

設計を担当したエーシーエ設計（長野市）は「木の美しさ」の見せ方に気を配った。当時の社長が命名した「美林」はそれを象徴する。反りやねじれが出やすいカラマツの難点を、集成材とすることでカバー。アーチ形の部材2～4本を束ねて屋根を支える形は20分の1の模型を作り、構造的妥当性に加えて美的観点からの確認もした。「デザインも構造も、プロジェクトチーム全員が『これだ』と納得した」と執行役員の海瀬務さん（55）は振り返る。

内装や机、イスなどもカラマツ製で、使われた木材1035立方メートルのうち約8割を村内産が占める。戦後植林されて伐採期を迎えていたもので、伐採には当時の生徒たちが立ち会った。自然に「祖父母が植え親が育てたカラマツで孫が学ぶ」と言われるようになった。音楽堂（音楽室）にはパイプオルガンがあり、卒業生が将来ここで結婚式を挙げるのが改築当時の村長の夢だったという。

床はピカピカ。毎日3分、全員で行う雑巾がけは、名付けて「100年清掃」。村の木で造った校舎が100年後も使えるようにと願いを込めている。

荻原正樹教頭（54）は「生徒たちのおおらかさが校舎と似ている」と感じる。生徒たちに校舎について尋ねると、「地元のカラマツを使っているところが好き」と口をそろえた。

（写真・文　島貫柚子）

2005年の「愛・地球博」のためにアーティストのさとうりささんが制作した高さ約6メートルの彫刻「プレイヤー・エイリアン」。生徒の心を元気にしたいという当時の村長の思いで移設された

DATA
設計：エーシーエ設計
階数：地上2階
用途：中学校など
完成：2008年

追手門《おうてもん》学院大学アカデミックアーク

大阪

学生のにぎわい　1棟に集める

新キャンパスを象徴する建物は
巨大な逆三角錐《すい》。
中に入ると鈍く光る塊が浮遊する……。

大阪のベッドタウン、茨木市にある追手門学院大学茨木総持寺キャンパスは2019年、家電工場跡地を再開発してできた。25年には約2キロ離れた茨木安威キャンパスに代わり、メインキャンパスになる。駅から徒歩圏、地域に開かれた大学を目ざす新キャンパスの中心が「アカデミックアーク」だ。

上から見るとほぼ正三角形。接地面で長さ50メートルの1辺は上に向かって広がり、最上部は130メートル。大地に突き刺さる三角錐だ。

2階以上の壁面を覆うのは、校章をモチーフにしたステンレス製の鋳物パネル。キャンパスには囲いがなく、一般の人も通り抜けられる散策路を設けた

「学生の心に残る強い建物」という大学側の要望に、三菱地所設計の須部恭浩さん(50)が応えた。

「広い軒下が人を招き入れるような風景ができた。大きさの割に小さく見えて、町が見通せる」と須部さん。周辺の住宅や道路への圧迫感を抑え、軒下は災害時の拠点としても使える。

1年次全員と3学部の計約3800人が使う教室、図書館、ホールがこの1棟に集約されている。1階は約千人収容、ふだんは250以上の自習席を備えるホールを中心に特別教室や書店、カフェ。2~4階は吹き抜けを囲むように教室が並び、中央には図書館がまるで宙に浮かんでいるよう。ブリッジで結ばれた、総延長約1キロに及ぶ回廊の壁面書架にも本が並び、カウンター席がある。

集約したねらいは「にぎわい」。「そこに行けば人がいる中心性が必要と考えた」と須部さん。工夫の1つが、ホールの残響時間。学校としては長めの3秒に設定し、「ワイワイ、ガヤガヤ、カフェみたい」な居心地のよさを実現した。もう1つは教室や回廊、図書館などに多数設置したコンセント。PCや携帯を充電できるようにすることで快適に過ごすことができ、人が集まるきっかけとなっている。

ねらい通り館内はどこも、語り合ったり課題に取り組んだりする学生たちで活気がある。真銅《しんどう》正宏学長(60)は「全体が図書館であり、教室でもあり、学生の居場所だ」と語る。

(写真・文 深山亜耶)

[上] 正三角形のホールの上に宇宙船のように浮かぶ図書館は、3、4階の回廊と各3カ所のブリッジでつながる。反射率が高いアルミで覆い、明るさを実現

DATA
設計:三菱地所設計
階数:地上5階
用途:教室、図書館、ホール、事務室等
完成:2019年

松原市民松原図書館　大阪

壁厚さ600ミリ　池の中の「本の森」

ため池につかったような建物。
実はこれ、図書館なのです。
でも紙は湿気に弱いのでは？

［右頁］ため池の周辺は田井城今池親水公園として人々の憩いの場となっている
［左］1階の窓に面した閲覧席は水面に近く、水の気配を身近に感じられる

大阪府松原市には古墳やため池が多い。痕跡も含め古墳は約20基、ため池は約40カ所を数える。

2020年1月に移転リニューアルした「松原市民松原図書館」は、そんなため池の中にある。

市は埋め立てを前提に設計施工案を公募したが、建築設計事務所マル・アーキテクチャは池をいかす設計を提案。事務所主宰の高野洋平さん（41）と森田祥子さん（37）が、町の特徴を後世まで残し伝えたいと考えたからだ。埋め立てないことで工期短縮、コスト削減もできた。

外壁のコンクリートの厚さは600ミリ。通常の3倍ほどで、建築というより土木構造物の風情。

表面もあえて粗く仕上げ、「自然と一体化している古墳のように、長い時間を経たような姿にしたかった」と話す。

本に大敵の湿気が多いのではと思うが、「湿度はそんなに高くありません」と高野さん。

館内の空気は、吹き抜けを通りらせん状に循環する自然換気と空調で管理され、外壁の厚さで外気の影響を受けにくいという。

開口部は少ないが、閲覧席には大小の窓から光が届き、時間帯や天候により水面の揺らぎが壁や天井に映し出される。

少しずつずらして配置された1階の書架を、森田さんは「思いがけない本に出会える、本の森」と表現する。

勉強中の高校3年生、柚木優人さんと梶原駿輔さんは「気分転換できる場所も多く、休みの日は昼から夜までいられる」と、テラスでつかの間、休憩していた。

（写真・文　小森風美）

DATA
設計：MARU。architecture＋鴻池組
階数：地上3階、地下1階、塔屋1階
用途：図書館
完成：2019年11月

なかまちテラス

東京

「離れ」寄り添い集いやすく

青梅街道沿いに面したシルバーに輝く建物は、いくつものパーツが寄り添うように立つ。壁の一部は斜めになっている？

東京都小平市のほぼ中央にある「なかまちテラス」は、仲町図書館建て替えに伴い仲町公民館との複合施設として建設された。

1階はそれぞれ「離れ」のように独立した4つのユニットに分かれる。エントランスホールなど3つの四角形が連結した中心部、2つの学習室、台形が2つ連結したカフェラウンジ。これらが2、3階ではすべてつながっ

夜はエキスパンドメタルを通して室内の光が漏れる

てワンフロアになっている。垂直方向を見ると、外壁の一部は上に向かって内側に傾斜している。

設計したのは妹島和世建築設計事務所。公募型プロポーザルに応募した35社から選ばれた。こうした形にした理由を妹島さんは、「（公民館で行われる）陶芸や料理会など、玄関から部屋に行くよりも、思い思いに直接部屋に入る方が楽しいと思った」と説明する。また、互いに寄り添うように立つ建物の形が、やわらかく周りに溶け込むようにとの願いも込めた。

交通量の多い通りから路地に入れば住宅や畑が混在し、用水も流れる。そんな町から敷地へ地続きで自然に導かれ、ユニットの間の通路からガラス越しにカフェや学習室の様子がうかがえる。「人と情報の出会いの場」という建築時のコンセプト通り、「いろんな方向からいろんな目的で人が集まるように工夫がされている」と図書館の小山誠館長は話す。

外壁の全体を覆うのは、網目状に成形されたアルミの「エキスパンドメタル」。室内からは外が見え、光をやわらかく取り入れられる一方、外からの視線は適度にさえぎられる。

通路や壁の思わぬところが斜めにせり出すため、開館当初は、壁やガラスが邪魔になったという声もあった。開館から8年経った今、公民館の中村和幸館長は「地域に根ざした存在になった」と感じているという。

（写真・文　千葉菜々）

［上］建物の形に合わせ、斜めにせり出した本棚［中］白を基調とした地下1階には事務室や閉架書庫、ホール、和室などがある。掲示物は壁に貼らずに天井からつるしている［下］エントランスホール（左）やカフェ、学習室に囲まれた通路

DATA
設計：妹島和世建築設計事務所
階数：地上3階、地下1階
用途：図書館、公民館、カフェ
完成：2014年

Tree-ness House 東京

多品種が共存 中空の庭園

「樹木のような建築を体現したかった」と設計者の建築家・平田晃久さん(48)は話す。

東京・大塚駅から徒歩10分、昔ながらの家並みも残る住宅街に「Tree-ness House」はある。形も方向も様々な開口部から緑があふれ出て異彩を放つ。六本木でギャラリーを経営する石井孝之さん(56)の自宅だ。1階には知人のギャラリーも入る。

幹、枝、葉と構造や機能が異なる部分が共存する樹木は、表面にコケやキノコが生えていたり、虫や鳥などがすみかにしていたり。「多様な存在が関係し合い豊かな環境を作り出している」と平田さん。幹となる鉄筋コンクリート造りの「箱」を積み重ね、枝に当たる開口部の植栽スペースに、葉となる植物を植え、中空の庭が実現した。

植物は、ノイバラやハーブ、ベリー類など120種類以上。植栽を担当したガーデンプランナーの塚田有一

白い出窓のようなひだ状の開口部は全部で17カ所。屋上へ続く外階段もある

あちらこちらに不ぞろいな出っ張り。
しかも植物が生えている。
この構造にはどういう狙いがあるの?

1階のギャラリー前から見上げた吹き抜けにも植物が見える

さん(52)は、「建物を山に見立て、方位や高さによる日照時間、風通し、土の量などによってどこに何を植えるかを決めました」。ユニットごとの調和に配慮。それぞれ窓越しに見える世界が異なり、季節の移ろいを感じられる。

仕事柄ギャラリーや美術館など白い壁に囲まれたホワイトキューブに身を置くことが多い石井さん。「家のどこにいても植物が視界に入るのは心地よい。スキップフロアのような造りなので、家族の気配も感じやすいです」

(写真　伊ケ崎忍/文　牧野祥)

DATA
設計:平田晃久建築設計事務所
階数:地上5階
用途:個人住宅、ギャラリー
完成:2017年9月

○の型枠は「地球儀にヒントを得て、平面で作った」と大野さん。通行人や車の接触を防ぐ役目も果たす水庭は、明人さんがきれいに掃除している

○《マル》と□《シカク》 静岡

音響抜群 プロセスも楽しむ

水に浮かんでいるような、

コンクリートの球体。

住宅街の一角にある「大きな地球儀」は何？

中はどうなっているの？

ピアノ講師の山本玲さん（50）の「仕事場」は閑静な住宅街にある直径5・5メートルの球体の中だ。新居を建てる際、ホールのように響く音楽室を希望。建築家の大野靖さん（53）に相談を持ちかけた。

とはいえ敷地は一般的な広さ。豊かな音響空間を作るには「これしかない」と大野さんが考えたのが、防音効果のあるコンクリート製の球だった。球体は様々な音響障害があるものの、響きは抜群。障害は壁を凹凸にしたり布製品を置いたりすれば除去できる。球体の音楽室と直方体2つの居住空間を透明な廊下でつなぐ案を、断られる覚悟で提示した。

意外にも玲さんと夫・明人さん（51）は乗り気に。ここから設計に1年、着工後さらに半年。「家造りはプロセスも楽しまないと」と笑う大野さんの言葉どおりだった。

「○と□」と名付けたのは明人さん。○と□をモチーフにした特注のドアノブは、家族で鉄を打った。床板やテーブルの天板、庭木も大野さんと探しにいった。2人は時間を作って電気や機械工事などの打ち合わせにも参加、建築中の現場に通った。工事関係者とも酒を酌み交わし、思いを共有した。「できあがるのがさみしかった」と玲さん。落成した○に関係者を招いてのコンサートは、その後も数回続いた。

玲さんに1曲弾いてもらった。音が体に響き、一音一音に包み込まれるような心地よさ。「大聖堂にいるよう」と大野さん。明人さんも「天気や季節で音が変わって飽きない」と顔をほころばせた。

（写真・文　山田愛）

○の内部。壁につけた凹凸、クッションや棚、ピアノなどを置くことで、響きすぎる音を吸収したり反響の角度を調整したりする。下の窓からは揺らぐ水面の反射光が壁に映り込むことも

DATA
設計：大野靖、
ストゥーディオ・クレアティーヴォ
階数：地上2階
用途：個人住宅
完成：2010年12月

2011年の日本建築学会賞を受賞。季節ごとに実や花をつける植栽は断熱にも一役買っている

IRONHOUSE《アイアンハウス》 東京

鉄板打ちっ放し　百年の計

生い茂る植物に覆われた、
船の一部にも見える鉄の塊。
この建物は何？
こんなにさびていて大丈夫？

閑静な住宅街で目をひく、むきだしの鉄板。各地の公共建築なども手がける構造家・梅沢良三さん（77）が、自ら提唱する理論で「超長期住宅」を実現させた自宅だ。

住宅が新築されてから解体されるまで、日本では平均約30年。人生100年を生きるには、家を1回建てるだけでは足りなくなる。費用の負担や、資源・環境問題などに対応するため、住宅は100年以上もつ丈夫なものでなければならない。一方で、年月とともに必要な間取りは変わるため、内部は柔軟に変えられるスペースにしたい――。

地階の居間と「アウタールーム」は床面に段差がなく一体感がある。コルテン鋼の建具を両脇に寄せて開放する

こうした考えに基づいて、梅沢さんが採用したのが、橋の建設などに使われる「コルテン鋼」だ。表面の緻密《ちみつ》なさびが保護膜となり、鋼材内部への腐食を防ぐため耐候性、強度が高い。2枚の間に断熱材を挟んだパネルを溶接で組み立て、壁そのものを構造体とした。

意匠設計は建築家・椎名英三さん（76）が担当した。L字形の建物で中庭を囲む配置。居間や食堂のある地階レベルに合わせて掘り下げ、床面の段差のない中庭は「アウタールーム」として1つの部屋のような空間に。地下でも自然光が差し込み閉塞《へいそく》感はないが、静かで落ち着ける。外の自然と連続した「空間の広がり」を重視した、と椎名さん。緑豊かな空間は梅沢さんのお気に入りの場所になっている。

建築・構造の専門家として、周囲の環境への配慮も当初から織り込んだ。さび色の鉄の塊が不快感を与えないよう外壁に植物をはわせた。階段状にした屋上には盛り土して樹木や草花を植え、外からも緑の景観を楽しめるようにした。

「100〜200年、メンテナンスフリーで使える材料は鉄のほかにはないんです」。住宅に使った前例の少ない素材にこだわり、独自の工法を考案した梅沢さん。孫の代へとつないでいく未来が楽しみだ。

（写真 梅沢良三／文 吉﨑未希）

DATA
設計：椎名英三＋梅沢良三
階数：地上2階、地下1階
用途：個人住宅
完成：2007年

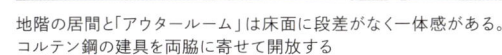

大阪ガス実験集合住宅 NEXT21

大阪

暮らしながら「未来」探る

緑で覆われた中層の建物。その名は実験集合住宅。いったいここで何をしているの？

大阪城近くの住宅街に立つ不思議な名前の建物は、大阪ガスが「未来を試す場」として造った集合住宅だ。それぞれ実験テーマに沿って設計された住戸に、応募して選ばれた社員ら13世帯が住む。

「エネルギー会社として未来型の暮らしを示す必要がある」と、1990年に計画開始。少子高齢化や家族の多様化に対応した住まい

建物全体を約1千平方メートルの植栽が覆う。季節ごとに約20種の野鳥が飛来、昆虫や小動物のすみかにもなっている

方、オールガス化や水素燃料電池などのエネルギーシステム、キッチンや浴室設備などの実験を、実際に暮らしながら行ってきた。各世帯の居住期間は約5年。居住中も実験に必要な設備改修などを随時行っている。

約30年間で、のべ18回の改修があった。これが可能だったのは、建物の構造と内装・設備を別々に造る「スケルトン・インフィル方式」を採用したからだ。「丈夫な骨組みを造り、住まい手に合わせて内装を造り替える、ヨーロッパで生まれた手法。NEXT21は外壁の位置まで動かせます」。設計者の1人で、今も建物全体を統括する近角《ちかずみ》真一さん(74)は語る。配管スペースが共用部に多く設けられているため、水回りの位置変更も容易だ。

2021年2月に入居したばかりの高橋由佳さん(35)夫婦が住むのは、「共に暮らしたい人たちが、自在に住める家」がコンセプトの住戸。「土間」をはさんだ居住空間を、住む人や生活スタイルに合わせて分離・結合できる。15年後や30年後、世帯状況が変化すれば隣戸も含めて再編成できるよう設計されている。「人や生活が変われば、家の形も変えられる。まさに未来の暮らし」と高橋さんは話した。

(写真・文 永井美帆)

全体を1つの街と見なし、廊下や階段などは「立体街路」と呼んでいる

DATA
設計:大阪ガス
NEXT21
建設委員会
階数:地上6階、地下1階
用途:集合住宅
完成:1993年

くぼみアパートメント　埼玉

孤立しない1人暮らし願って

最寄り駅から徒歩10分余り。大きくうねる白い壁が住宅街で異彩を放つ建物は何？

カーブした壁に沿って2棟の建物の間を進むと、深いポケットのような中庭があった。見上げると、しずく形に切り取られた空。ワンルーム12室が入る「くぼみアパートメント」は、周辺に立ち並ぶ四角い賃貸住宅とはかなり趣が違う。

オーナーは、設計した熊木英雄さん（52）のおば（81）。所有する土地にアパートを建てるにあたり、「若

曲面を木造で実現するための構造は村田龍馬さんが担当した。
右側の壁には中庭の形をモチーフにしたアパートのマーク

い人が希望を持てる建物」にしたいと希望した。

「独身で子どもがなかったせいもあったかもしれません。何か将来に残したいと考えたようです」と熊木さんはその思いを代弁する。折しもコロナ禍で学校や職場などに人が集まりにくくなった時期だった。都会に1人で暮らす若者が孤立せず、近所どうしで自然に交流が生まれる場が理想だった。

おばの願いをどうかたちにするか。熊木さんが思い出したのが、30代の頃設計事務所で仕事をした英国での経験だった。「公共建築や住宅に曲線が多く使われているのに驚いた。曲線が生み出すダイナミックな空間、非日常性からストーリーが生まれると感じました」

カーブで角がとれ、広く開いた道路側から吸い込まれるように中庭に入ると、曲線の効果か落ち着きを感じる。ほとんどの部屋は、中に入るのに中庭を通る。集合ポストも中庭の奥にあり、住民はここを自然に出入りすることになる。円形のテーブルとベンチは自然に言葉を交わす「井戸端」を思わせる。

各室にベランダはなく、洗濯機とガス乾燥機を備えた。部屋の面積を広くとるためだが、近隣に多い病院で交代勤務をする人などを想定した配慮でもある。洗面台は大きめに、水回りの壁は部屋によって違うカラフルなアクセントカラーを施した。

「シェアハウスもいいけれど、もう少し独立した住み方を提案したい」。入居者たちがつながりながら心地よく暮らす場になることを、熊木さんは期待している。

（写真・文　佐藤直子）

DATA
設計：熊木英雄
階数：地上2階
用途：集合住宅
完成：2023年

手前は広域避難場所となる東白鬚公園。遠くにスカイツリーを望む

都営白鬚《しらひげ》東アパート ほか 東京

全長1.2キロ「もしも」の時は…

歩いても歩いても途切れない建物の影。
まるで城壁のように長く連なる、その訳は？